www.ingramcontent.com/pod-product-compliance
Lightning Source LLC
LaVergne TN
LVHW010219070526
838199LV00062B/4656
9789358728446

اجالے ماضی کے

(مضامین)

ڈاکٹر ابو طالب انصاری

© Dr. Abu Talib Ansari

Ujaale Maazi ke (Essays)

by: Dr. Abu Talib Ansari

Edition: March '2024

Publisher :

Taemeer Publications LLC (Michigan, USA / Hyderabad, India)

ISBN 978-93-5872-844-6

9 789358 728446

مصنف یاناشر کی پیشگی اجازت کے بغیر اس کتاب کا کوئی بھی حصہ کسی بھی شکل میں بشمول ویب سائٹ پر اَپ لوڈنگ کے لیے استعمال نہ کیا جائے۔ نیز اس کتاب پر کسی بھی قسم کے تنازع کو نمٹانے کا اختیار صرف حیدر آباد (تلنگانہ) کی عدلیہ کو ہو گا۔

© ڈاکٹر ابو طالب انصاری

کتاب	:	**اجالے ماضی کے** (مضامین)
مصنف	:	**ڈاکٹر ابو طالب انصاری**
ترتیب و تدوین	:	اعجاز عبید
بہ تعاون	:	کتاب گھر ڈاٹ کام
صنف	:	غیر افسانوی نثر
ناشر	:	تعمیر پبلی کیشنز (حیدر آباد، انڈیا)
سالِ اشاعت	:	۲۰۲۴ء
صفحات	:	۱۵۸
سرورق ڈیزائن	:	تعمیر ویب ڈیزائن

فہرست

	پیش لفظ	6
	مقدمہ	9
(۱)	باب اول: مفسرین، محدثین، فقہا، ائمہ اور علما	19
(۲)	باب دوم: شعراء، ادباء اور مصلحین	43
(۳)	باب سوم: مورخین، جغرافیہ داں اور سیاح	68
(۴)	باب چہارم: اطباء و سائنسدان	93
(۵)	باب پنجم: فلاسفہ اور متکلمین	136
(۶)	باب ششم: سلاطین و فاتحین	142
(۷)	باب ہفتم: مجاہدین آزادی اور سیاستداں	150

پیش لفظ

علم و فن کی دنیا بھی عجیب ہے۔ اس میں کسی کی بالا دستی ہمیشہ قائم نہیں رہتی ہے۔ جس نے رشتہ ناطہ جوڑا اور قدر دانی کی اس کے یہاں ٹھہرے گی اور ذرا بے توجہی محسوس کی تو بوریا بستر سمیٹ کر اس سے رخصت ہو جائے گی۔

پاپے مرا لنگ نیست ملک خدا تنگ نیست

اسی اصول و ضابطہ پر علم کی تاریخ اپنی شناخت قائم کرتی ہے۔ دنیا کے اسٹیج پر ایسی بہت سی قومیں نمودار ہوئیں اور مٹ گئیں جنہوں نے علم کی قدر دانی کی اور دنیا کے معاش و معیشت میں اپنا اثر قائم کیا۔ ہندوستان، مصر، روم، یونان کی قدیم تاریخ اس کی شاہد ہیں۔

مسلمان قوم نے چھٹی صدی عیسوی میں جس طرح علم کی داغ بیل ڈالی اور مخصوص اصولوں اور ضابطوں کے تحت علم کی آبیاری کی وہ اپنی مثال آپ ہے۔ مسلمانوں کی علمی ترقیاں ہمہ جہت ہیں۔ یہ کسی خاص فن یا موضوع تک محدود نہیں رہی ہیں۔ عہد بنو امیہ اور بنو عباس کی علمی سرگرمیاں آج کی علمی اور تمدنی ترقیوں کی اساس کہی جاسکتی ہیں۔

کتاب ہٰذا میری برسوں کی عرق ریزی اور کاوشوں کا ثمرہ ہے۔ اس میں، میں نے اسلاف کی ان اہم شخصیات کا احاطہ کرنے کی کوشش کی ہے جنہوں نے زندگی کے کسی بھی شعبے میں اہم کارنامے انجام دیے ہیں۔ چاہے وہ طب کا میدان ہو یا ادب، تاریخ، جغرافیہ، سیاحت اور مذہب کا میدان۔ یہی وہ ہمارے اسلاف تھے جنہوں نے ہر میدان

میں کامیابی کے جھنڈے گاڑے اور کارہائے نمایاں انجام دیے۔ انہیں کے علمی اور فنی کارناموں سے ایک ہزار سال تک پوری دنیا بقعۂ نور بنی ہوئی تھی۔ انہیں روشنی کے اجالوں سے نہ صرف ہمارے بام ودر (اسپین، بغداد وغیرہ) منور تھے بلکہ اغیار کے خیاباں بھی معطر تھے۔ یہی وہ ہمارے اسلاف تھے جو آسمان علم پر آفتاب وماہتاب بن کر چمکے مگر عالم اسلام پر ایک ایسا تاریک دور بھی آیا جب ان کے علمی وفنی کارناموں کی روشنی ماند پڑ گئی، ان کے اجالے پھیکے پڑ گئے۔ یہ وہ دور تھا کہ ہمارے اسلاف کی فکری اور تحقیقی کاوشیں سست پڑ گئیں اور قوم آپسی چپقلش کا شکار ہوگئی۔

یہ وہ دور تھا جب اغیار نے اپنے مخصوص فن سرقہ کا پوری طرح استعمال کیا اور ہمارے اسلاف کے کارناموں سے نہ صرف استفادہ کیا بلکہ ان کے تمام اہم علمی اور فنی کارناموں کو اپنے نام ثبت کرلیا۔ اور ہم جہل کی تاریک وادی میں بھٹکنے لگ گئے۔ اسی دور کے بارے میں علامہ اقبال نے کہا تھا۔۔۔ نہ اٹھا پھر کوئی رومی عجم کے لالہ زاروں سے

وہی آب و گِلِ ایراں، وہی تبریز ہے ساقی

دراصل میری اس کتاب کا محرک یہ شعر ہی ہے۔ موجودہ دور جس میں قوم پوری طرح اغیار کی روش پر چلنے کی افسوس ناک کوشش کر رہی ہے۔ اپنے اسلاف کے کارناموں کو یاد رکھنا تو کجا وہ ان کے ناموں تک کو طاق نسیاں میں رکھ چکی ہے۔ انہیں ان کے اسلاف سے متعارف کرانا ایک اہم کام ہے تاکہ انہیں اپنے ورثہ سے واقفیت حاصل ہو۔

بے شک، موجودہ دور سائنس اور ٹیکنالوجی کا ہے مگر کارنامے انجام دینے اور اغیار کے شانہ بشانہ چلنے کی بنیاد وہی ہے۔ غور وفکر، جستجو، تحقیق اور اشک سحر گاہی۔

بلاشبہ فی الحال قوم میں کچھ بیداری کے آثار نمایاں ہوئے ہیں اور ہم پُر امید ہیں کہ

قوم اپنی زرخیز علمی زمین میں غور و فکر، تحقیق و جستجو کے بیج بو کر اور اشک سحر گاہی سے آبیاری کر کے عنقریب علم و فن کی لہلہاتی فصل اگائے گی۔ اس کتاب سے تحریک پا کر اگر چند شخصیات بھی تیار ہو جائیں جو آسمان علم پر آفتاب و ماہتاب بن کر چمک سکیں تو میں اپنی اس کوشش کو کامیاب سمجھوں گا۔

ڈاکٹر ابو طالب انصاری

۴۰۷/۹، درگاہ روڈ، بھیونڈی، تھانے (مہاراشٹر)

مقدمہ

قرآن کریم منبع العلوم ہے۔ یہ جہاں انسان کو اپنی ذات اور آفاق پر غور و فکر کرنے کی دعوت دیتا ہے تاکہ اللہ کی وحدانیت اور کائنات کی ابتدا اور انتہا نیز خالق کائنات کی صفت خلق کے تکرار پر دلیل قائم کرے وہیں اس بات کی طرف بھی اشارہ کرتا ہے کہ انسان اپنے فائدے کے لیے اللہ کی پیدا کی ہوئی تمام اشیاء کی کنہ پر غور کرے اور اللہ کی دی ہوئی عقل استعمال کر کے ان کے فوائد حاصل کرے۔ کیوں کہ تمام اشیاء انسان کے فائدے کے لیے پیدا کی گئی ہیں۔

الم تروا ان اللہ سخر لکم ما فی السموٰات ومافی الارض واسبغ علیکم نعمہ ظاھرۃ وباطنۃ (لقمٰن، ۲۰)" کیا تم نہیں دیکھتے کی اللہ تعالیٰ نے زمین و آسمان کی ہر چیز کو تمھارے لیے مسخر کر دیا ہے اور تمھیں اپنی ظاہری و باطنی نعمتیں بھرپور دے رکھی ہیں۔"

ابر و باد و مہ و خورشید و فلک در کارند تا تو نے بکف آری و بغفلت نخوری

اسلام عقل و دانش کا مذہب ہے۔ یہ مجرد عقیدہ ہی نہیں دیتا بلکہ عمل کی بھی بنیادیں فراہم کرتا ہے۔ اسی لیے یہاں صرف عبادت ہی نہیں بلکہ اطاعت کا بھی حکم ہے۔ کائنات عالم پر غور و فکر کرنا اور اس سے خدمت دین کے مقاصد کا انجام دیا جانا قرآن کریم کے واضح اشارات کے تحت ہے۔ چند آیات ملاحظہ ہوں۔

ا) ان فی خلق السموت والارض واختلاف الیل والنھار والفلک التی تجری فی البحر بما ینفع الناس وما انزل اللہ من السمآء من مآء فاحیا بہ الارض بعد موتھا وبث فیھا من کل

دابۃ وتصریف الریٰح والسحاب المسخر بین السمآء والارض لآیات لقوم یعقلون (البقرہ۔ ۱۶۴)۱)" آسمانوں اور زمین کی پیدائش، رات دن کا الٹ پھیر، کشتیوں کا لوگوں کو نفع دینے والی چیزوں کو لیے ہوئے سمندروں میں چلنا، آسمان سے پانی اتار کر مردہ زمین کو زندہ کرنا، اس میں ہر قسم کے جانوروں کو پھیلا دینا، ہواؤں کے رخ کو بدلنا اور بادل جو آسمان اور زمین کے درمیان مسخر ہیں ان میں عقلمندوں کے لیے قدرت الٰہی کی نشانیاں ہیں۔"(البقرہ، ۱۶۴)

۲) قل سیر و افی الارض فانظر و اکیف کان عاقبۃ الذین من قبل، کان اکثرھم مشرکین (الروم)" زمین میں چل پھر کر دیکھو تو سہی کہ اگلوں کا کیا انجام ہوا۔ جن میں اکثر لوگ مشرک تھے۔"

۳) وآیۃ لھم الیل، نسلخ منہ النھار فاذا ھم مظلمون۔ والشمس تجری لمستقرلھا، ذالک تقدیر العزیز العلیم۔ والقمر قدرنٰہ منازل حتیٰ عاد کالعرجون القدیم۔ لا الشمس ینبغی لھا ان تدرک القمر ولا الیل سابق النھار وکل فی فلک یسبحون۔ (یٰسین ۳۷ تا ۴۰)" اور ان کے لیے ایک نشانی رات ہے جس سے ہم دن کو کھینچ دیتے ہیں تو وہ یکایک اندھیرے میں رہ جاتے ہیں اور سورج کے لیے جو مقررہ راہ ہے وہ اسی پر چلتا رہتا ہے۔ یہ زبردست علیم ہستی کا باندھا ہوا حساب ہے اور چاند کی ہم نے منزلیں مقرر کر دی ہیں۔ یہاں تک کے اس سے گزرتا ہوا وہ پھر سوکھی شاخ کی مانند رہ جاتا ہے۔ نہ آفتاب کی یہ مجال ہے کہ چاند کو جا پکڑے اور نہ رات دن پر سبقت لے جا سکتی ہے۔ یہ سب ایک ایک فلک میں تیر رہے ہیں۔"

۴) اللہ الذی خلق سبع سمٰوٰت ومن الارض مثلھن، یتنزل الامر بینھن لتعلموا ان اللہ علیٰ کل شیء قدیر (الطلاق ۱۲)" اللہ وہ ہے جس نے سات آسمان بنائے اور اسی کے

مثل زمینیں بھی۔ اس کا حکم ان کے درمیان اترتا ہے تاکہ تم جان لو کہ اللہ ہر چیز پر قادر ہے۔"

۵) قال ما منعك الا تسجد اذ امرتك، قال انا خیر منہ خلقتنی من نار وخلقتہ من طین (الاعراف ۱۲)" حق تعالیٰ نے فرمایا تو جو سجدہ نہیں کرتا تو تجھ کو اسے کون امر مانع ہے۔ جب کہ میں تجھ کو حکم دے چکا، کہنے لگا میں اس سے بہتر ہوں، آپ نے مجھ کو آگ سے پیدا کیا ہے اور اس کو آپ نے خاک سے پیدا کیا ہے۔" (الاعراف، ۱۲)۔

۶) یا ایھا الناس ان کنتم فی ریب من البعث فانا خلقکم من تراب ثم من تراب ثم من نطفۃ ثم من علقۃ ثم من مضغۃ مخلقۃ و غیر مخلقۃ لنبین لکم و نقر فی الارحام ما نشاء الیٰ اجل مسمی ثم نخرجکم طفلا ثم لتبلغوا اشدکم و منکم من یتوفیٰ و منکم من یرد الیٰ ارذل العمر لکیلا یعلم من بعد علم شیئا، وتری الارض ھامدۃ فاذا انزلنا علیھا الماء اھتزت وربت وانبتت من کل زوج بھیج (الحج ۵)" لوگو! اگر تمہیں مرنے کے بعد جی اٹھنے میں شک ہے تو سوچو ہم نے تمہیں مٹی سے پیدا کیا، پھر نطفہ سے، پھر خون بستہ سے، پھر گوشت کے لوتھڑے سے، جو صورت دیا گیا تھا اور بے نقشہ تھا۔ یہ ہم تم پر ظاہر کر دیتے ہیں اور ہم جسے چاہیں ایک مقررہ مدت تک رحم مادر میں رکھتے ہیں، پھر تمہیں بچپن کی حالت میں دنیا میں لاتے ہیں تاکہ تم اپنی پوری جوانی کو پہنچو۔ تم میں سے بعض تو وہ ہیں جو فوت کر لیے جاتے ہیں اور بعض ارذل عمر کی طرف پھیر دیے جاتے ہیں تاکہ وہ باخبر ہونے بعد پھر بے خبر ہو جائیں۔ تو دیکھتا ہے کہ زمین بنجر (اور خشک) ہے، پھر جب ہم اس پر بارش برساتے ہیں تو وہ ابھرتی اور پھولتی ہے اور ہر قسم کی بارونق نباتات اگاتی ہے۔"

۷) واوحیٰ ربک الی النحل ان اتخذی من الجبال بیوتاً و من الشجر و مما یعرشون۔ ثم کلی من کل الثمرات فاسلکی سبل ربک ذللا، یخرج من بطونھا شراب مختلف الوانہ فیہ شفاء

للناس، ان فی ذالک لایۃً لقوم یتفکرون (النحل،۶۸،۶۹)

"تیرے رب نے شہد کی مکھی کے دل میں یہ بات ڈال دی کہ پہاڑوں، درختوں اور لوگوں کی بنائی ہوئی اونچی اونچی ٹٹیوں میں اپنے گھر (چھتے) بنا، اور ہر طرح کے میوے کھا اور اپنے رب کی آسان راہوں میں چلتی پھرتی رہ۔ ان کے پیٹ سے رنگ برنگ کا مشروب نکلتا ہے، جس کے رنگ مختلف ہیں اور جس میں لوگوں کے لیے شفا ہے، غور و فکر کرنے والوں کے لیے اس میں بہت بڑی نشانی ہے۔"

قرآن کی مندرجہ صرف سات آیات پر غور کیا جائے تو معلوم ہوگا کہ کس حکمت سے اللہ تعالیٰ نے مسلمانوں کو جملہ اقسام کی علوم وفنون پر تحقیق اور ریسرچ کرنے اور ان علوم کو مرتب اور مدون کرنے کی ترغیب دی ہے۔ چنانچہ مسلمانوں کے دور عروج میں جملہ علوم و فنون میں جتنا کام ہوا ہے قرآن کی انھیں اشارات کی تکمیل میں ہوا ہے۔ یورپ میں نشاۃ الثانیہ renaissance کے بعد کی ترقیات کی بنیاد یہی آیات ہیں۔

علم کی ابتدا حضرت آدمؑ کی ذات سے ہوتی ہے جب کہ اللہ تعالیٰ نے انھیں تمام نام سکھا دیے۔ وعلم آدم الاسماء کلھا (البقرہ، ۳۱) اور اس علم کو فرشتوں پر انکی فضیلت کا سبب بنا دیا۔ علم کی طرح حکمت بھی عطائے خداوندی ہے۔ یہ حکمت تمام انبیاء کو عطا کی گئی تھی بلکہ اس نعمت سے اللہ تعالیٰ نے غیر انبیاء کو بھی حصہ وافر عطا فرمایا۔ ولقد آتینا لقمان الحکمۃ ان اشکر للہ (لقمٰن، ۱۲) "اور ہم نے یقیناً لقمان کو حکمت دی تھی کہ تو اللہ کا شکر کر۔" اسی لیے علم و حکمت کی تاریخ مرتب کرنے والوں کو ہبوط آدم سے اس کی ابتدا کرنی پڑتی ہے۔ بائبل اگرچہ ایک مذہبی صحیفہ اور کتاب ہدایت کی حیثیت سے مختلف اسباب کی بنا پر ساقط الاعتبار ہے لیکن انسان کی تاریخ کا علم حاصل کرنے کیلئے اس سے استفادہ ناگزیر ہے۔ قدیم مورخین کی حیثیت سے جس کا نام صفحہ اول پر درج کیا جاتا ہے وہ ہیروڈوٹس

(Herodotus) ہے، جس کا زمانہ پانچویں صدی قبل مسیح ہے جو یونانیوں کا دور عروج ہے۔ لیکن تاریخ عالم مرتب کرنے والوں میں زینو فن (Zenophen)، ٹی سیاز(Ctesias)، ٹے سی ٹس (Tacitus) اور لائیڈس(Lydus) کی خدمات سے صرف نظر نہیں کیا جا سکتا۔ بعد از مسیح کے وقائع نگاروں میں پہلا نام عبرانی مورخ جوزیفس (Josephus) کا ہے جسکا زمانہ پہلی صدی عیسوی ہے۔ پھر چھٹی صدی عیسوی میں پروکوپیں(Procopius) سامنے آتا ہے۔ یہ وہ صدی ہے جس میں نور اسلام کی تابانیاں اقصائے عالم میں پھیلنی شروع ہوئیں۔ اب پورا یورپ جہالت اور تاریکی میں ڈوب چکا ہے اور تمام علوم وفنون کی باگ ڈور مسلمانوں کے ہاتھ میں آجاتی ہے۔ اہل یونان، روم اور مصر کے کلاسیکی ادب بھی اسطوری (mythological) واقفیت فراہم کرتے ہیں۔ کتبات اور سنگی چٹانوں پر منقش عبارات بھی تاریخ میں اہم مقام کی حامل ہیں۔ بابل میں حمورابی کے کتبات، ہندوستان اور مشرق بعید میں بودھوں کے استوپ اور حصن الغراب میں حضرت ہود علیہ السلام پر ایمان لانے والوں کے مکتوبات اقوام قدیم کے یقینی حالات فراہم کرتے ہیں۔ مسلمانوں میں تاریخ نویسی کی ابتدا دراصل سیرت پاک ﷺ کی ترقیم سے ہوتی ہے۔ مسلمانوں نے احادیث و روایات کو محفوظ کرنے کا بڑا اہتمام کیا۔ کیوں کہ اس سے دین کی تفصیلات مہیا ہوتی تھیں لیکن سیرت کے باب میں اتنی سختی روا نہیں رکھی گئی۔ اسلام میں سب سے اولین سیرت نگار ابن اسحق (م ۱۵۱۔ھ) ہیں جن کی تمام روایات کو ابن ہشام (م ۲۱۳۔ھ یا ۲۱۷۔ھ) نے اپنی سیرت میں شامل کر لیا ہے۔' سیرت ابن ہشام' کا اردو میں بھی دو جلدوں میں ترجمہ ہو چکا ہے۔ مرور زمانہ کے ساتھ سیرت میں دیگر افراد کی قابل قدر کاوشوں کا اضافہ ہوتا گیا۔ پھر بتدریج سیرت کے فن سے تاریخ کی طرف پیش قدمی کی گئی۔ واقدی (م ۲۰۷۔ھ) ابن صفد (م ۲۳۰۔ھ)،

کلبی (م ۲۰۶ھ)، اصمعی (م ۲۰۶ھ)، ابن جریر طبری صاحب 'التفسیر والتاریخ (م، ۳۱۰ھ)، ابو زید بلخی (م ۳۲۳ھ)، مطہر بن طاہر مقدسی مصنف 'البدء والتاریخ' مسعودی صاحب 'مروج الذہب' (م ۳۴۶ھ)، ابن الندیم صاحب 'الفہرست (م ۳۸۵ھ)، ابن مسکویہ صاحب' تجارب الامم (م ۴۳۱ھ)، ابن اثیر ابوالحسن علی الجزری صاحب 'اسد الغابہ' (۵۵۵ھ تا ۶۳۰ھ)، ابن خلکان صاحب 'وفیات الاعیان' ابن الطقطقیٰ، ابن عربی، ابو الفداء اسمعیل بن علی ایوبی (۶۷۲ھ تا ۷۳۲ھ)، البلاذری، ابن خلدون اور ابن کثیرؒ صاحب ' تفسیر والتاریخ البدایہ والنہایہ 'کا نام بادنیٰ تامل سامنے آتا ہے۔

تمدنی تاریخ کی تدوین میں دوسرا نمبر جغرافیہ کا ہے۔ اس فن کو ماہرین ارضیات، سیاحوں اور ماہرین فلکیات نے مدون کیا۔ ریاضی دانوں نے زمین اور کائنات، سیاروں کی گردش اور مسافت کی پیمائش کی۔ اس سلسلہ میں یونانی عالم اسٹرابو(Strabo) کا نام سر فہرست ہے جس نے سترہ جلدوں میں اقوام عالم کا جغرافیہ مرتب کیا۔ یونانی ریاضی داں اراٹس تھینس(Eratesthenes)، ارسطو)) (Aristotle ۳۸۴ تا ۳۲۳ق م) کے علاوہ قابل فخر کارنامہ بطلیموس اسکندری (Ptolemy) (دوسری صدی عیسوی) کا ہے جب جغرافیہ کا فن مسلمانوں نے اپنے ہاتھوں میں لیا تو انھوں نے ابن حوقل (دسویں صدی عیسوی)، البیرونی اور ابن بطوطہ (چودھویں صدی عیسوی) جیسے سیاح، جغرافیہ داں اور عالم پیدا کیے۔ جغرافیہ اور نقشہ نویسی میں ادریس حمودی مصنف نزہۃ الخواطر اور کتاب زخار (۸۲۵ھ تا ۹۳۲ھ) نے بھی ایک رسالہ زمین کے کروی ہونے کے دلائل پر لکھا تھا۔ جس کا نام الہیئۃ الارض ہے۔

حکماء اور علماء کی فہرست تو اتنی طویل ہے کہ ان کا چاہے جس قدر احاطہ کیا جائے

بہت سے نام چھوٹ ہی جائیں گے۔ مسلمانوں نے علوم وفنون کی تدوین اور علماء و ماہرین فن کے ذکر اور ان سے حصول علم کے اعتراف میں بخل سے کام نہیں لیا ہے۔ ہندوستان میں علم طب کی ابتدا دھنونتری اور ان کی الہامی کتاب اتھر وید سے ہوتی ہے۔ یونانی حکماء نے اس کی ابتدا اسقلیپیوس (Asclapius) سے کی ہے۔ مسلمانوں نے حضرت ادریسؑ کو اس کا بانی قرار دیا ہے، جنہیں بائبل میں اخنوخ یا منوک (Enoch) کا نام دیا گیا ہے۔ ان کا سلسلۂ نسب چند ہی پشتوں کے بعد حضرت شیثؑ اور پھر آدمؑ تک پہنچ جاتا ہے۔ ایسا معلوم ہوتا ہے کہ یہ تمام نام ایک ہی شخصیت کے ہیں جنھیں مختلف ممالک، مختلف مذہبوں اور مختلف تہذیبوں میں الگ الگ ناموں سے یاد کیا گیا ہے۔

مسلمانوں کی علم و فن کی ترقی کے ایک ہزار سالہ سنہری دور میں پورا یورپ جہالت کی تاریکی میں گم تھا۔ یہ اہل مغرب کا کمال ہے کہ ایک ہزار سال کے دور تاریک سے جب انھیں نشاۃ الثانیہ (renaissance) کے طفیل رہائی ملی تو اپنی تمام تر ترقیوں کو براہ راست یونان و روما کی ترقیوں کا تسلسل قرار دے دیا اور مسلمانوں کے دور زریں کو جو مشرق میں پورے ایشیا، چوتھائی یورپ اور مغرب میں شمالی افریقہ سے لے کر ہسپانیہ، جنوبی فرانس تک محیط تھا۔ روایتی احسان فراموشی کی نذر کر دیا۔ واقعہ ہے کہ اگر بغداد، دمشق، تیونس اور قرطبہ کی یونیورسٹیاں نہ ہوتیں تو آج آکسفورڈ، کیمبرج، پیرس، سلرنو اور پاڈوا کی یونیورسٹیاں وجود میں نہ آتیں۔ یہ احسان فراموشی اہل مغرب کے خمیر میں داخل ہے اور اس سے بہت کم لوگ محفوظ رہ سکتے ہیں۔

دور وسطیٰ میں علوم فنون میں اتنی وسعت نہیں تھی لیکن اس میں جامعیت تھی، اس لیے ہر حکیم بیک وقت طبیب، عالم دین، مورخ، جغرافیہ داں، ماہر فلکیات، منجم، ریاضی داں، ماہر طبیعیات و کیمیا داں اور ماہر عمرانیات ہوتا تھا۔ ان کی شہرت کسی خاص

علم سے اس لیے وابستہ کی گئی کہ اس علم میں اپنے رجحان طبع کی وجہ سے انہیں خصوصی دستگاہ حاصل ہو گئی تھی۔ چنانچہ البیرونی اگر سیاح تھا تو ایک زبردست عالم، جغرافیہ داں اور ماہر فلکیات بھی تھا۔ ابن خلدون کی ہمہ گیر جامعیت ان کے مقدمہ تاریخ سے ظاہر ہے جو آج پوری دنیا میں عمرانیات کی کتاب اول مانی جاتی ہے۔ اس لیے در حقیقت دور وسطیٰ کے حکماء کی انفرادی صلاحیتوں کو مشخص کرنا آسان کام نہیں ہے۔ پھر بھی تذکرہ نگاروں نے ان کی خصوصیات حتی الوسع بیان کرنے کی کوشش کی ہے۔ چونکہ ان تذکرہ نگاروں کے پاس مصادر و مراجع کے حصول کی وہ سہولتیں حاصل نہیں تھیں جو آج کے لوگوں کو حاصل ہیں۔ اس لیے مختلف تذکرہ نگاروں کے یہاں حکماء کی الگ الگ خصوصیات پر زور دیا گیا ہے اور کہیں کہیں آج کے زمانے میں معروف حکماء کا تذکرہ اجمالی بھی ہے۔ چنانچہ تاریخ الحکماء (قفطی) اور عیون الانباء فی طبقات الاطباء (ابن ابی اصیبعہ) میں یہ اجمالی اور تفصیل مختلف مقامات پر نمایاں ہے۔ ابن الہیثم جیسے ماہر بصریات اور زہراوی جیسے جراحی (surgery) کے باوا آدم کا تفصیلی ذکر ابن ابی اصیبعہ کے یہاں نمایاں نہیں ہے۔ اس دور کے علماء اور حکماء پر عرب مورخین نے قابل قدر کاوشیں کی ہیں۔ لیکن ہندوستان کے مسلمانوں کو عربی نہ جاننے کی وجہ سے ان کے ترجموں پر انحصار کرنا پڑتا ہے اور مقام مسرت ہے کہ اب اس موضوع پر اردو زبان میں بھی خاصہ مواد موجود ہے۔ تاریخ الحکماء (قفطی) کا ترجمہ ڈاکٹر غلام جیلانی برق کر چکے ہیں۔ عیون الانباء فی تاریخ الاطباء (ابن ابی اصیبعہ) کا ترجمہ سنٹرل کونسل فار ریسرچ ان یونانی میڈیسین نے دو جلدوں میں شائع کیا ہے۔ فرانسیسی مصنف موسیولی۔ بان کی کتاب کا ترجمہ علامہ بلگرامی نے تمدن عرب کے نام سے کیا ہے۔ براؤن کی A Literary History of Persia، فلپ کے حتی کی A Literary History of the Arabs

اور جسٹس امیر علی کی History of Sarecens A Shortمیں انگریزی جاننے والوں کے لیے خاصہ مواد موجود ہے۔ ہندوستان کے عربی تذکرہ نگاروں میں دونام بہت معروف ہیں۔ نواب صدیق حسن خانؒ صاحب کی سیر اعلام النبلاء اور مولانا عبد الحئی حسنیؒ (والد گرامی مولانا ابوالحسن علی ندوی) صاحب کی نخبۃ الفکر سے کافی مواد حاصل کیا جاسکتا ہے۔ دارالمصنفین (اعظم گڑھ) اور ندوۃ المصنفین (دہلی) کی شائع کردہ تصنیفات سے استفادہ نہ کرنا بہت بڑی محرومی ہوگی۔ یہ ساری کتابیں علم و دانش کے طلب گاروں کے لیے ہیں جن کی تعداد افسوس ناک حد تک کم ہوتی چلی جارہی ہے۔

اب جب کہ مسلم عوام میں علم سے رغبت کم سے کم اور تاریخ اسلام نیز حکمائے اسلام سے واقفیت حاصل کرنے کارجحان معدوم کی حد تک ہے، اس بات کی ضرورت ہے مسلمانوں کی علمی تاریخ اور ان کے حکماء کا بیان ان کے سامنے سادہ اور آسان زبان میں رکھا جائے تاکہ وہ اغیار کے سامنے اس شرمندگی سے بچ سکیں کہ اسلام کے سیاسی عروج کا دور بھی علم و حکمت کی تاریکی کا دور رہا ہے۔ اس سے انھیں اس بات کا حوصلہ بھی حاصل ہوگا کہ جب ان کے آباء علوم وفنون میں مغرب کے استاد رہے ہیں تو انھیں بھی اگر استادی نہیں تو شاگردی کا درجہ ضرور حاصل ہونا چاہیے تاکہ آئندہ وہ خود بھی استادی کی مسند آراستہ کرسکیں۔ ان میں ایسے لوگ شاذ ہیں جنھیں علم و حکمت اور اپنے آباء کی تاریخ سے دلچسپی ہو۔ افسوس کہ جو لوگ مسلمانوں میں کسی بھی فیلڈ میں کچھ کرنے کے لائق ہو جاتے ہیں تو اسے وہ صرف شکم پری یا جلب منفعت کا ذریعہ سمجھتے ہیں۔

مجھے خوشی ہے کہ میرے نوجوان دوست ڈاکٹر ابوطالب انصاری کو تاریخ و حکمت سے ربط اور رغبت ہے۔ ان کے مضامین اخباروں کے میگزین سیکشن میں خصوصیت سے شائع ہوتے رہتے ہیں۔ وجہ مسرت ہے کہ اب انھوں نے حکمائے اسلام کے تذکروں پر

مشتمل ایک کتاب شائقین کے لیے مرتب کر دی ہے۔ اس کا مواد اکٹھا کرنے میں جو ہفت خواں انھیں طے کرنے پڑے ہوں گے، جن دشواریوں اور صعوبتوں کا سامنا کرنا پڑا ہو گا اور ضبط تحریر میں لانے کے لیے جن شبہائے تاریک کو سحر کرنا پڑا ہو گا اس سے وہی لوگ واقف ہو سکتے ہیں جو علم و تحقیق کا کام کرتے ہیں۔ خاکسار نے ان کی خواہش پر ان کا پورا مسودہ دیکھا ہے اور اپنی کم مائگی اور کم علمی بے بضاعتی کے باوجود کچھ حک و اضافے سے کام لیا ہے اور کچھ حقیر مشورے بھی دیے ہیں۔

اللہ تعالیٰ ان کی عمر میں برکت دے اور ان کی قوت کار کردگی میں اضافہ فرمائے۔ دعا ہے کہ اللہ اس کتاب کو مقبول بنائے اور اس کے فیض کو عام کرے۔ لوگوں میں اپنے آباء و اجداد کی خدمات کا شعور، ان کی قدردانی کا جذبہ، پذیرائی کا شوق اور اس راہ میں خود کچھ کرنے کا انھیں حوصلہ عطا فرمائے۔ اس کتاب کی اشاعت کو عام فرمائے تاکہ مصنف کے حوصلہ میں اضافہ ہو اور وہ سکون اور دلجمعی کے ساتھ اس کام کو مزید آگے بڑھاتے رہیں۔ آمین!

(ڈاکٹر) محمود حسن (الہ آبادی)
بدر منزل، پٹیل نگر، ونجارپٹی ناکہ، بھیونڈی (تھانہ)

(۱) باب اول: مفسرین، محدثین، فقہا، ائمہ اور علما

امام ابو حنیفہؒ

امام ابو حنیفہؒ کا نام "نعمان بن ثابت" تھا۔ یہ حنفی فقہ کے بانی ہیں۔ ان کے دادا (زوطا) غلام کی حیثیت سے ایران سے کوفہ لائے گئے۔ بعد میں آزاد کر دیے گئے اور قبیلہ تیم اللہ کے مولیٰ کی حیثیت سے زندگی بسر کرنے لگے۔ ان کے والد کا نام "ثابت" تھا۔ امام صاحب کی پیدائش ۸۰ھ میں کوفہ میں ہوئی۔ انہوں نے تمام عمر فقہ کی تحصیل میں صرف کر دی۔ یہ کوفہ میں ایک زبردست عالم و واعظ کی حیثیت رکھتے تھے۔ لوگ دور دور سے ان سے فقہی مسائل پوچھنے آتے تھے۔ انہوں نے ہمیشہ املا کے طریقے پر زبانی تعلیم دی اور کوئی تصنیف نہیں چھوڑی۔ مگر بعض رسائل اور کتب جو ان سے منسوب ہیں ان کے پوتے اسماعیل بن حماد اور ان کے شاگردوں کی محنت کا نتیجہ ہیں۔

ان کا نام نعمان بن ثابت تھا مگر چونکہ دین کی طرف تمام دنیاوی چیزوں سے منھ موڑ کر یکسوئی اختیار کی۔ اسی نسبت سے "حنیفہ" مشہور ہوئے۔ یہ کپڑے کی تجارت کرتے تھے اور خوشحال تھے۔ ان کا زمانہ اموی خلافت کا زمانہ تھا مگر عمر کے آخری حصہ میں اموی خلافت ختم ہوگئی اور عباسی خلافت قائم ہوئی تو خلیفہ منصور نے انہیں عہدۂ قضا کی پیش کش کی۔ مگر انہوں نے انکار کیا۔ اس لیے قید کر دیے گئے۔ ان کا انتقال ۱۵۰ھ میں ہوا۔

امام مالکؒ

امام دارالہجرۃ مالک بن انس مشہور فقیہہ و محدث تھے۔ ان کے چچا اور داد ابھی محدث تھے۔ حدیث کی تعلیم مکمل ہونے کے بعد فقہ کی تعلیم ربیعہ بن فرخ سے حاصل کی۔ اس کے علاوہ انھوں نے قرأت کا فن بھی حاصل کیا۔ ان کی پیدائش ۹۰۔ھ میں ہوئی۔ ان کا زیادہ تر وقت مدینہ میں گزرا۔

جب ۱۴۴۔ھ میں محمد اور ابراہیم بن عبداللہ (علوئین) نے عباسیوں کے خلاف خروج کیا تو خلیفہ منصور عباسی نے انھیں کو طرفدار حسین کے پاس مکہ روانہ کیا تھا کہ یہ دونوں بھائی حکومت کے حوالے کر دیے جائیں لیکن اس میں کامیابی نہیں ہوئی۔ تاہم اس خدمت کے صلہ میں عبداللہ کی ضبط شدہ جائداد کا کچھ حصہ انہیں مل گیا۔ جب محمد بن عبداللہ نے ۱۴۵۔ھ میں مکہ میں اقتدار حاصل کیا تو انہوں نے فتویٰ دیا کہ منصور کی خلافت پر جن لوگوں نے بیعت کی تھی وہ اس کی پابندی پر مجبور نہیں ہیں کیوں کہ یہ بیعت جبریہ حاصل کی گئی تھی۔ جب یہ بغاوت ختم ہوئی تو جعفر بن سلیمان گورنر مدینہ نے مالک بن انس کو گرفتار کر کے کوڑے لگوائے جس سے ان کا شانہ اتر گیا۔ لیکن بعد میں خلافت عباسیہ کے فرمانرواؤں سے ان کے تعلقات استوار ہو گئے تھے۔ ان کا انتقال مدینہ میں ۸۵ سال کی عمر میں ۱۷۵۔ھ میں ہوا اور تدفین جنت البقیع میں ہوئی۔

ان کے مشہور شاگرد امام شافعی ہیں۔ ان کی مشہور کتاب "موطا" ہے جو اسلام کا سب سے پہلا مجموعہ حدیث ہے جس کی ترتیب فقہی ہے۔ انھوں نے کوئی علٰحدہ فقہی مسلک قائم نہیں کیا۔ مگر بعد میں ان کے شاگردوں نے بعض مسائل میں امام شافعی سے اختلاف کر کے مالکی فقہہ کی بنیاد ڈالی۔ مالکی مسلک زیادہ تر مصر اور مغرب میں مقبول ہے۔۔

امام شافعیؒ

شافعی ابو عبداللہ محمد بن ادریس بن عثمان بن شافع قریشی نسل اور ہاشمی تھے۔ یہ شافعی فقہ کے امام تھے۔ ان کی ولادت غزہ میں ۱۵۰ھ میں ہوئی۔ والد کا انتقال کم سنی میں ہی ہو گیا تھا۔ والدہ نے نہایت غربت کے عالم میں پرورش کی اور بدوی قبائل کے سپرد کر دیا۔ نتیجتاً قدیم ادبیات عربی کے ماہر ہو گئے۔ بچپن ہی میں مکہ آ گئے تھے اور یہیں حدیث و فقہ کی تعلیم حاصل کی۔ ۲۰ سال کی عمر میں مدینہ چلے گئے اور امام مالک کی شاگردی اختیار کی اور ان کے انتقال تک ان کے ساتھ ساتھ رہے۔ امام مالک کی موطا انھیں زبانی ازبر تھی۔

امام مالک کے انتقال کے بعد یمن چلے گئے۔ یہاں انھوں نے اس وقت کی عباسی حکومت کے خلاف علویوں کی سرگرمی میں حصہ لیا اور اس طرح گرفتار ہو کر بغداد لائے گئے۔ لیکن ہارون رشید نے انھیں رہا کر دیا۔ یہاں سے دوبارہ مصر گئے۔ ۶ یا ۷ برس کی غیر حاضری کے بعد دوبارہ بغداد واپس آ گئے۔ یہیں طلبہ کو حدیث اور فقہ کی تعلیم دیتے رہے۔ یہاں سے تقریباً ۵ سال بعد مصر دوبارہ واپس چلے گئے اور آخر عمر تک وہیں رہے۔ بروز جمعہ ۲۰۴ھ میں فسطاط میں آپ کا انتقال ہوا۔ "کتاب الام" امام شافعی کی بنیادی اور شاہکار تصنیف ہے۔ جو اصول فقہ اسلامی کی سب سے پہلی کتاب ہے۔ امام احمد بن حنبل انھیں کے شاگرد تھے۔ آپ کے پیرو بلاد ہند، مصر، عرب، ملایا وغیرہ میں کثرت سے ہیں۔

امام احمد ابن حنبلؒ

امام حنبل کا پورا نام احمد بن محمد بن حنبل تھا۔ فقہ اسلامی کے چار اماموں میں سے ہیں۔ ان کی ولادت بغداد میں ۱۶۴ھ (ربیع الاول) میں ہوئی۔ عراق، شام، حجاز و یمن کے علماء سے استفادہ کیا۔ اس کے علاوہ امام شافعی سے بھی شرف تلمذ حاصل کیا۔ ان سے

فقہ اور اصول کی کتابیں پڑھیں۔ ۲۰ برس کی عمر میں فارغ ہو گئے اور جمع احادیث کے لیے مختلف مقامات کا سفر کیا۔

المامون عباسی معتزلہ کے زیر اثر مسئلہ خلق قرآن کا حامی تھا۔ اس نے حکم دیا کہ تمام علمائے سلطنت اس پر جہاد کریں۔ امام حنبل نے انکار کر دیا۔ مامون نے حکم دیا کہ انھیں پابجولاں طرطوس بھیج دیا جائے۔ جہاں وہ ان دنوں مقیم تھا۔ یہ ابھی راستے ہی میں تھے کہ مامون کا انتقال ہو گیا۔ لیکن اس کے جانشینوں (المستعم اور الواثق) نے سختی جاری رکھی۔ مگر ان کے پائے استقامت ڈگمگائے نہیں۔ بعد کو المتوکل کے زمانے میں ان کو چھٹکارا نصیب ہوا۔ ان کا انتقال ۱۲ ربیع الاول ۲۴۱ھ کو بغداد میں ہوا۔

مسند احمد بن حنبل ان کا بہت ہی مشہور مجموعہ احادیث ہے جس میں تقریباً ۳۰ ہزار حدیثیں ہیں۔ ان کی دوسری تصانیف کتاب الزہد، کتاب الصلوۃ وما یلزم فیھا، الرد علی الزنادقہ والجھیمہ، فی ما شکت فیہہ من تشابہ القرآن، کتاب طاعۃ الرسول اور کتاب السنۃ ہیں۔

امام مُسلمؒ

مسلم بن الحجاج ابوالحسین القشیری النیشاپوری مشہور محدث تھے۔ ان کی ولادت نیشاپور میں ۲۰۲ھ میں ہوئی۔ ان کی " صحیح مسلم "کا شمار حدیث کی ۶! مشہور کتابوں میں سے ہے جنھیں "صحاح ستہ " کہتے ہیں۔ انھوں نے جمع احادیث کے لیے عرب، مصر، شام اور عراق وغیرہ کا سفر کیا اور بڑے بڑے اکابرِ احادیث سے روایت حاصل کیں۔ کہا جاتا ہے کہ انھوں نے ۳! لاکھ احادیث فراہم کر کے ان کا انتخاب کیا جسے " صحیح مسلم " کہتے ہیں۔ جس میں انھوں نے اسناد کا بہت زیادہ خیال رکھا ہے۔ فقہ اور متذکرہ محدثین پر بھی انھوں نے متعدد تصانیف کیں۔ ان کا انتقال ۲۶۱ھ میں ہوا۔

ابو داؤدؒ

ابو داؤد سلیمان بن الاشعث الازدی السجستانی مشہور جامع احادیث تھے۔ ان کی ولادت ۲۰۲ھ میں ہوئی۔ انھوں نے بغداد میں امام احمد بن حنبل سے تعلیم پائی اور پھر بصرہ میں مستقل قیام اختیار کیا۔ انھوں نے جمع احادیث کے لیے بڑے بڑے سفر کیے۔ انھوں نے راویوں کی چھان بین کر کے اپنا مجموعۂ احادیث "کتاب السنۃ" مرتب کیا جو صحاح ستہ میں شامل ہے۔ ان کا انتقال بصرہ میں ۲۷۵ھ میں ہوا۔

النسائیؒ

النسائی ابو عبد الرحمن احمد بن شعیب بن علی بن بحر بن سنان مشہور جامع احادیث تھے جن کا مجموعۂ احادیث صحاح ستہ میں شامل ہے۔ انھوں نے جمع احادیث کے لیے بہت سفر کیا اور عرصہ تک مصر میں رہنے کے بعد دمشق میں اقامت اختیار کر لی۔ ان کے مجموعۂ احادیث میں بعض ایسے ابواب بھی ہیں جو دوسرے مجموعے میں نہیں پائے جاتے۔ چونکہ یہ علوئین کے طرف دار تھے اس لیے بنو امیہ نے انھیں کافی ستایا۔ ان کا انتقال ۳۰۳ھ میں ہوا۔ انھوں نے ایک کتاب " فضائل علی" پر بھی لکھی تھی جس کا نام " خصایص امیر المومنین علی ابن ابی طالب" ہے۔ اس کے علاوہ ایک اور کتاب "کتاب الضعفاء" بھی ان سے منسوب کی جاتی ہے۔

ترمذیؒ

ابو عیسیٰ محمد بن عیسیٰ ترمذی مشہور محدث تھے۔ یہ نابینا تھے اسی حالت میں انہوں نے خراسان، عراق، حجاز وغیرہ کی سیاحت کر کے احادیث جمع کیں۔ امام احمد بن حنبل، امام بخاری اور ابو داؤد ان کے اساتذہ تھے۔ حدیث میں ان کی دو کتابیں بہت مشہور ہیں۔ جامع ترمذی، شمایل المحمدیہ (جامع ترمذی صحاح ستہ میں شامل ہے۔) ان کی رحلت ۲۷۹ھ

میں ہوئی۔

امام بخاریؒ

محمد بن اسماعیل بن ابراہیم بن مغیرہ بن بروزبۃ البخاری الجعفی امام بخاری کی ولادت ۱۳ !شوال ۱۹۴۔ھ بروز جمعہ بخارا میں ہوئی۔ ان کے والد اسماعیل جلیل القدر علماء، حماد بن زید اور امام مالک کے شاگردوں میں سے تھے۔ کم سنی ہی میں ان کے والد کا انتقال ہو گیا۔ والدہ نے ان کی پرورش کی۔ امام بخاری کو کم سنی سے ہی حدیث کا بے حد شوق تھا۔ اب معلوم ہوتا ہے کہ امام کی تخلیق صرف حدیث کے لیے ہی کی گئی تھی۔ ان کا حافظہ غضب کا تھا۔

۱۶ برس کی عمر میں ہی خاندان کے دوسرے افراد کے ساتھ حج کے لیے گئے۔ فریضہ کی ادائیگی کے بعد وہ لوگ تو واپس آ گئے مگر امام بخاری وہیں حجاز میں مقیم رہے۔ پھر وہیں سے احادیث کی تلاش میں اسلامی مراکز کے سفر پر نکلے۔ اس مقصد کے لیے وہ ان تمام مقامات پر گئے جہاں سے حدیث ملنے کی توقع تھی۔ اس طرح انھوں نے ٦ لاکھ احادیث جمع کیں۔ جن سے انتخاب کر کے اپنی شہرہ آفاق کتاب صحیح بخاری مرتب کی۔ اس میں ۲۷۶۲ احادیث ہیں۔ (مکررات کے ساتھ ۷۳۹۷) اس کتاب کو "اصح الکتب بعد کتاب اللہ" کہا جاتا ہے۔ کیوں کہ امام بخاری نے صرف صحیح احادیث کو جمع کرنے کا اہتمام کیا تھا۔ ان کی دیگر تصانیف تاریخ الکبیر (اس کتاب کو امام بخاری نے ۱۸ سال کی عمر میں حضورؐ کے روضہؐ اقدس پر بیٹھ کر لکھا تھا۔) تاریخ صغیر، تاریخ اوسط، الجامع الکبیر، کتاب الھبہ، کتاب الضعفاء، اسامی الصحابہ، کتاب العلل، کتاب المبسوط، الادب المفرد وغیرہ ہیں۔

امام بخاری آخری عمر میں بخارا واپس آ گئے۔ لیکن یہاں کے حاکم خالد بن احمد الذہلی

نے ان کی مخالفت کی اور انھیں شہر بدر کر دیا۔ اہل سمرقند کی دعوت پر وہاں چلے گئے اور ایک گاؤں خرتنگ میں اپنے چند رشتہ داروں کے ساتھ رہنے لگے۔ یہیں ان کا انتقال ۱۰ شوال ۲۵۶ھ بعد نماز عشاء ہوا۔

ابن ماجہؒ

ابن ماجہ ابو عبداللہ محمد بن یزید القزوینی کی ولادت ۲۰۹ھ میں ہوئی۔ مشہور جامع احادیث تھے۔ ان کا مجموعہ احادیث سنن ابن ماجہ، صحاح ستہ میں شامل ہے جسے عراق، عرب، شام و مصر وغیرہ کی سیاحت کر کے مرتب کیا تھا۔ سنن ابن ماجہ میں امام صاحب کا مقدمہ نہایت اہم مباحث پر مشتمل ہے۔ اس کے علاوہ انہوں نے قرآن کی تفسیر اور ایک تاریخ کی کتاب بھی لکھی ہے۔ ان کا انتقال ۲۷۳ھ میں ہوا۔

بیہقی

ابو بکر احمد بن الحسن فقیہہ اور محدث تھے۔ انہوں نے سیاحت کر کے اشعری اصول اور احادیث کا علم حاصل کیا۔ سیاحت سے واپس آکر نیشاپور میں تصنیف و تالیف شروع کی۔ ان کی مشہور تصانیف کتاب نصوص الامام الشافعی، کتاب السنۃ والآثار ہیں۔ ان کی ولادت بیہق میں ۳۸۴ھ میں ہوئی اور انتقال ۴۵۸ھ میں ہوا۔

دارمی

الدارمی ابو محمد عبداللہ کی ولادت سمرقند میں ۱۸۱ھ میں ہوئی۔ یہ مشہور محدث کے علاوہ بڑے زاہد و مرتاض تھے۔ انھوں نے احادیث کی جستجو میں خراساں، شام، عراق، حجاز و مصر کا سفر کیا اور بڑے بڑے ائمہ احادیث سے استفادہ کیا۔ مسلم، ابو داؤد، نسائی مشہور ائمہ حدیث انھیں کے شاگردوں میں سے تھے۔ ان کا مجموعہ احادیث "المسند" بہت مشہور ہے۔ انہوں نے تفسیر قرآن بھی لکھی۔ ان کی ایک اور کتاب "کتاب

الجامع " بھی بہت مشہور ہے۔ ان کا انتقال ۲۵۵ھ میں ہوا۔

دار قطنی

الدار قطنی ابوالحسن علی بن احمد بن مہدی نہایت مشہور محدث، تجوید اور ادبیات کے ماہر تھے۔ ان کی ولادت دار قطن (بغداد) میں ہوئی۔ انھوں نے مختلف مقامات کا سفر کیا۔ احادیث جمع کیں اور محدثین کی صف میں اول جگہ پائی۔ انھوں نے جمع احادیث میں زیادہ تر اصول و روایت سے کام لیا اور یہ ان کی وہ خصوصیت ہے کہ جو بہت کم دوسرے محدثین میں پائی جاتی ہے۔

ان کی مشہور تصانیف میں السنتہ، الزامات علی الصحیحین، کتاب الاربعین، کتاب الافراد، کتاب الامانی، کتاب المستنجد، کتاب الرویتہ، کتاب الضعفاء، کتاب القرات شامل ہیں۔ ان کا انتقال ۳۸۵ھ میں ہوا۔

امام واقدی

الواقدی ابو عبداللہ محمد بن عمر علم قرآن، فقہ و حدیث کے ماہر تھے۔ مگر مشہور ہوئے مورخ کی حیثیت سے ہارون رشید، مامون اور یحیٰی برمکی سبھی ان کے قدر دان تھے۔ ان کی ولادت مدینہ میں ۱۳۰ھ میں جبکہ انتقال ۲۰۷ھ میں ہوا۔ ان کی مشہور تصانیف۔ اخبار مکہ، التاریخ والمغازی والمبعث، فتوح الشام، فتوح العراق، صفین، تاریخ کبیر، تاریخ الفقہاء وغیرہ۔

سرخسی

سرخسی شمس الائمہ ابو بکر محمد بن احمد پانچویں صدی ہجری میں ماوراالنہر کے مشہور فقیہہ اور امام علوم و فنون تھے۔ اوائل میں تجارت پیشہ تھے۔ پھر حصول علم کی طرف توجہ کی۔ بخارا میں عبدالعزیز حلوانی سے تعلیم پوری کی اور قراخانی کے دربار سے وابستہ ہو

گئے۔ لیکن یہاں سلطان سے اختلاف ہونے کی وجہ سے قید کر دیے گئے۔ اسی زمانے میں اپنی مشہور پندرہ جلدوں کی کتاب " مبسوط " لکھی۔ اس کے علاوہ " شرح السیر الکبیر " بھی ان کی تصنیف ہے۔ ان کا انتقال ۴۸۳ھ میں ہوا۔

سبکی

قاضی تقی الدین سبکی اپنے زمانے کے مشہور فقیہہ، محدث، حافظ، مفسر اور ادیب تھے۔ ان کا تعلق سبک کے ایک مشہور فاضل خاندان سے تھا۔ جس کے اکثر افراد قضاء و افتاء تک پہنچے۔ ان کی ولادت اپریل ۱۲۸۴ء میں ہوئی۔ ان کی تعلیم قاہرہ میں ہوئی اور دمشق و قاہرہ میں مفتی و قاضی کے عہدہ پر ممتاز رہے۔ ان کا انتقال ۱۶ جون ۱۳۵۵ء کو مصر میں ہوا۔

ان کی مشہور تصانیف الدّر النظیم، الابتہاج فی شرح المنہاج، الا عتبار فی بقاء الجنتہ والنار ہیں۔

شعبی

الشعبی ابو عمر عامر ابتدائے اسلام کے قاری و محدث تھے۔ ان کے والد بھی کوفہ کے نہایت مشہور قاری تھے۔ جب حجاج کوفہ کا گورنر ہو کر آیا تو ان کی قابلیت کو دیکھ کر وظیفہ مقرر کر دیا۔ جب عبد الرحمن بن الاشعث نے حجاج کے خلاف فوج کشی کی تو شعبی حجاج کے خلاف ہو گئے اور اشعث کی شکست کے بعد جان بچا کر فرغانہ چلے گئے۔ مگر حجاج نے انھیں گرفتار کر الیا۔ لیکن بعد میں رہا کر دیا۔ اس کے بعد یہ خلیفہ عبد الملک کے دربار سے وابستہ ہو گئے۔ خلیفہ عبد الملک کے انتقال کے بعد پھر کوفہ چلے گئے۔ ان کی ولادت ۱۹ھ میں ہوئی اور انتقال ۱۱۰ھ میں ہوا۔ انہوں نے تقریباً ۵۰۰ صحابہ سے احادیث روایت کی ہیں اور امام ابو حنیفہؒ انہیں کے شاگرد رشید ہیں۔

ذہبی

الذہبی شمس الدین ابو عبید اللہ محمد بن عثمان نہایت ہی مشہور عرب محدث، مورخ اور فقیہہ تھے۔ ان کی ولادت ۱۲۷۴ء میں میافارقین میں ہوئی۔ ابتداً دمشق میں حدیث کی تعلیم پائی اور پھر اساتذہ بعلبک، حلب، نابُلس، اسکندریہ و قاہرہ سے استفادہ کیا۔ ابوا لفداء اورالوردی ان کے ہمعصر تھے۔ ان کا شاہکار "تاریخ الاسلام" ہے جو بیس جلدوں میں نہایت ضخیم اور مفصل کتاب ہے۔ اس کے علاوہ ان کی دیگر تصانیف المشتبہ فی اسماء الرجال، میزان الاعتدال فی نقدالرجال، تجرید اسماء الصحابہ، الطب النبوی، معجم، کتاب العلوم مختصر المستدرک، مختصر العبر، طبقات القراء، تہذیب الکمال، فی اسماء الرجال ہیں۔ ان کا انتقال ۴ فروری ۱۳۴۸ء میں دمشق میں ہوا۔

ابن تیمیہ

ابن تیمیہ کا نام احمد بن عبدالحلیم تقی الدین لقب اور ابوالعباس کنیت تھی۔ ان کے نسب میں ایک بزرگ تیمیہ نام کے تھے۔ اسی نسبت سے "ابن تیمیہ" سے مشہور ہوگئے۔ ان کی ولادت ۲۲ جنوری ۱۲۶۳ء میں حران میں ہوئی۔ یہ زمانہ منگولوں کے ظلم و ستم کا تھا۔ ان کے والد جان و مال کی حفاظت کے لیے دمشق چلے گئے۔ اس وقت ان کی عمر صرف ۶ سال تھی۔ یہیں ابن تیمیہ نے علوم اسلامی کی تعلیم حاصل کی۔ اپنے والد کے علاوہ مشہور اساتذہ وقت سے تعلیم پائی۔ ۲۰ برس کی عمر میں فارغ التحصیل ہوئے۔ اسی زمانہ میں ان کے والد کا انتقال ہو گیا اور یہ ان کی جگہ فقہ حنبلی پڑھانے پر مقرر ہوئے۔

ابن تیمیہ قرآن، حدیث، فقہ، الٰہیات اور فن مناظرہ کے بڑے ماہر تھے۔ وسعت مطالعہ اور ژرف نگاہی نے انھیں وہ فکر و نظر عطا کی تھی کہ مسائل دینیہ سے متعلق اجتہادی رائے کا اظہار فرمانے لگے۔ یہ بات حکام وقت کو پسند نہیں آئی اور جب تھوڑے

دنوں بعد انھوں نے حضرت علی کی عظمت سے انکار کیا تو انھیں قید خانے بھیج دیا گیا۔ اسی زمانے میں منگولوں کی تاخت پھر شروع ہوئی۔ حکام نے دیکھا کہ ان کی مدد کے بغیر عوام ان حملہ آوروں سے لڑنے پر آمادہ نہیں ہوں گے چنانچہ انہیں رہا کر دیا گیا۔ جب جنگ ختم ہوئی تو دوبارہ گرفتار کر لیا۔ یہاں انھوں نے اپنے بھائی کی مدد سے تفسیر قرآن اور متعدد دوسری تصانیف قلم بند کیں۔ مخالفین کو جب ان کی علمی سرگرمی کا پتہ چلا تو انھوں نے لکھنے پڑھنے کا سارا سامان چھین لیا۔ یہ سزا قید اور جسمانی تکلیف سے زیادہ سخت ثابت ہوئی۔ اسی رنج و غم میں ۲۷ ستمبر ۱۳۲۸ء میں دمشق کے قید خانے میں انتقال کر گئے۔ یہ بھی مشہور ہے کہ آپ کو ایک کنویں میں قید کر دیا گیا تھا۔ آپ کے شاگرد منڈیر پر بیٹھ کر قلم دوات اور کاغذ کے ساتھ موجود رہتے تھے اور آپ کے فرمان کو املا کرتے جاتے تھے۔

ان کی مشہور تصانیف: رسالۃ الفرقان، معارج الوصول، التبیان فی نزول القرآن، النیۃ فی العبادت، العقیدۃ الواسطہ، الاکلیل فی المتشابہ والتاویل، رسالہ فی القضاء والقدر، رسالہ فی السماء والرقص، تفسیر المعوذتین، الفرقان بین اولیاء الرحمن و اولیاء الشیطان، الواسطہ بین الخلق والحق، الصارم المسلول علیٰ شاتم الرسول، رسالہ زیارۃ القبور وغیرہ ہیں۔

ابن کثیر

اسماعیل بن عمر بن کثیر ان کا لقب عمادالدین اور عرفیت ابن کثیر ہے۔ آپ ایک معزز اور علمی خاندان کے چشم و چراغ تھے۔ ان کے والد شیخ ابو حفص شہاب الدین عمر اپنی بستی کے خطیب تھے اور بڑے بھائی شیخ عبد الوہاب ایک ممتاز عالم اور فقیہہ تھے۔

حافظ ابن کثیر کی ولادت ۷۰۱ھ میں مجدل میں ہوئی جو ملک شام کے مشہور شہر بصریٰ کے اطراف میں ایک قریہ ہے۔ کم سنی میں ہی والد کا سایہ سر سے اٹھ گیا۔ بڑے

بھائی نے اپنی آغوش تربیت میں لیا۔ انھیں کے ساتھ دمشق چلے گئے۔ یہیں ان کی نشو و نما ہوئی۔ ابتدا میں فقہ کی تعلیم اپنے بڑے بھائی سے پائی اور بعد کو شیخ برہان الدین اور شیخ کمال الدین سے اس فن کی تکمیل کی۔ اس کے علاوہ آپ نے حجّاز، حافظ مزی، ابن تیمیہ وغیرہ سے استفادہ کیا۔ ابن کثیر محدث، مفسر، فقیہہ اور مورخ تھے۔ تمام عمر آپ کی درس و افتاء، تصنیف و تالیف میں بسر ہوئی۔ حافظ ذہبی کی وفات کے بعد مدرسہ ام صالح اور مدرسہ تنکریہ میں آپ شیخ الحدیث کے عہدہ پر فائز رہے۔ اخیر عمر میں بینائی جاتی رہی۔ ۲۶ شعبان بروز جمعرات ۷۷۴ھ میں وفات پائی۔

آپ کی مشہور تصانیف: تفسیر القرآن الکریم (اس کے اردو زبان میں کئی تراجم ہیں۔)، البدایہ والنہایہ، رسالۃ فی فضائل القرآن، شرح صحیح بخاری، الاحکام الکبیر، السیرۃ النبویہ، الاجتہاد فی طلب الجہاد، الفصول فی اختصار سیرۃ الرسول وغیرہ۔

ابن حزم

ابن حزم ابو محمد علی بن احمد اسپین کے مشہور مورخ، شاعر و فقیہہ تھے۔ ان کی ولادت قرطبہ میں ۹۹۴ء میں ہوئی۔ ان کی تعلیم و تربیت وسیع پیمانے پر ہوئی۔ جب عامرئین کی حکومت پر زوال آیا (۱۰۱۴ء) تو انہوں نے قرطبہ چھوڑ کر المیرا میں رہائش اختیار کی۔ پھر پانچ سال کے بعد القاسم کے زمانے میں دوبارہ قرطبہ واپس ہوئے اور یہیں عہدۂ وزارت پر فائز رہے۔ ان کا انتقال ۴۰۶ھ بمطابق ۱۰۶۴ء میں ہوا۔ ان کی مشہور تصانیف میں نقاط العروس فی تواریخ الخلفاء، جمہرۃ الانساب نہایت ہی مشہور ہیں۔ فقہ الحدیث میں آپ کی بلند پایہ تصنیف "المعلیٰ" کا اردو ترجمہ چار جلدوں میں پاکستان سے شائع ہو چکا ہے۔

قسطلانی

قسطلانی ابو العباس احمد مشہور محدث و فقیہہ تھے۔ ان کی ولادت قاہرہ میں ۸۵۱۔ھ میں ہوئی۔ صحیح بخاری کی شرح "ارشاد الساری" لکھ کر بڑی شہرت حاصل کی۔ فن حدیث پر ایک اور کتاب لکھی جس کا نام "مقدمہ" ہے۔ مگر ان کی سب سے مشہور کتاب سیرۃ رسول پر "مواہب اللدنیہ" ہے۔ اس کے علاوہ ان کی دیگر تصانیف کتاب الشمائل، لطائف الاشارات اور مقامات العارفین ہیں۔ ان کا انتقال قاہرہ میں ۹۲۰۔ھ میں ہوا۔

امام نووی

النووی محی الدین ابوزکریا مشہور فقیہہ تھے۔ ان کی ولادت دمشق کے مشرقی قریہ نوا میں ۶۳۱۔ھ میں ہوئی۔ دمشق کے مدرسہ رواحیہ میں داخل ہوئے اور طب و علوم اسلامی میں دستگاہ حاصل کی۔ ۶۵۱۔ھ میں والد کے ساتھ حج کو گئے۔ کچھ دنوں بعد دمشق کے مدرسہ اشرفیہ میں حدیث کا درس دینے لگے۔ ایک بار سلطان بیبرس کے پاس جاکر انہوں نے مطالبہ کیا کہ اہل شام پر جو فوجی ٹیکس عائد کیا گیا ہے اسے منسوخ کیا جائے اور مدرسین کی تنخواہوں میں جو کمی کی گئی ہے وہ پوری کی جائے۔ سلطان بیبرس نے ناراض ہو کر انہیں دمشق سے باہر نکال دیا۔ آپ تمام عمر مجرد رہے۔ آپ کی مشہور تصانیف کتاب الاربعین، منہاج الطالبین، تہذیب الاسماء واللغات، کتاب الاذکار، ریاض الصالحین، بستان العارفین، اس کے علاوہ مسلم شریف پر آپ کی شرح بہت مشہور ہے۔ آپ کا انتقال نوا میں ہی ۲۴! رجب ۶۷۶۔ھ میں ہوا۔

النسفی

النسفی حافظ الدین ابو البرکات مشہور فقیہہ تھے۔ ان کی ولادت نسف میں ہوئی۔ اسی نسبت سے نسفی مشہور ہوئے۔ کرمان کے مدرسہ القطبیۃ السلیمانیہ میں مدرس تھے۔ اس کے بعد بغداد آگئے اور یہیں ۷۱۰۔ھ میں انتقال ہوا۔ ان کی بہترین تصنیف "کتاب

المنار فی اصول الفقہ " ہے۔ جس کی شرح بھی انھوں نے " کشف الاسرار " کے نام سے لکھی۔ فقہ پر ایک تصنیف "کتاب الوافی " کے نام سے ہے جس کا خلاصہ " کنزالدقایق " ہندوستان کے درس نظامی میں بھی شامل تھا۔ اسکے علاوہ انھوں نے " مدارک التنزیل " کے نام سے تفسیر قرآن بھی لکھی۔

سیرافی

سیرافی ابو سعید الحسن مشہور نحوی، فقیہہ اور عالم تھے۔ ان کی ولادت سیراف میں ۲۹۰ھ میں ہوئی۔ ابتدائی تعلیم سیراف میں ہی حاصل کی۔ اس کے بعد مزید تعلیم کے حصول کے لیے عمان اور بغداد گئے۔ جہاں انھوں نے ابو بکر ابن درید کی شاگردی اختیار کرلی۔ انھوں نے ادبیات، فقہ، ریاضی، حدیث اور علوم قرآنیہ میں مہارت تامہ حاصل کی۔ انہوں نے ۴۰ سال تک مفتی کی خدمات انجام دیں۔

ان کی مشہور تصانیف المقصورہ، الفات القطع والوصل، الجزیرۃ العرب، المدخل الی الکتاب السیبویہ، کتاب الوقف والابتداء ہیں۔

شیخ احمد سرہندی (مجدد الف ثانی)

شیخ احمد سرہندی ابن شیخ عبدالاحد فاروقی، دسویں صدی ہجری کے نہایت ہی مشہور عالم و صوفی تھے۔ صغر سنی میں ہی قرآن حفظ کر کے اپنے والد سے علوم متداولہ حاصل کیے پھر سیالکوٹ جاکر مولانا کمال الدیّن کشمیری سے معقولات کی تکمیل کی اور اکابر محدّثین سے فنِ حدیث حاصل کیا۔ آپ سترہ سال کی عمر میں تمام مراحل تعلیم سے فارغ ہو کر درس و تدریس میں مشغول ہو گئے۔

تصوف میں سلسلہ چشتیہ کی تعلیم اپنے والد سے پائی، قادریہ سلسلہ کی شیخ سکندر کیتھلی اور سلسلہ نقشبندیہ کی تعلیم دہلی جاکر خواجہ محمد باقی باللہ سے حاصل کی۔ آپ کے

علم و بزرگی کی شہرت اس قدر پھیلی کہ روم، شام، ماور النہر اور افغانستان وغیرہ تمام عالم اسلام کے مشائخ علماء اور ارادت مند آکر آپ سے مستفیض ہوتے۔۔

یہاں تک کہ وہ "مجد د الف ثانی" کے خطاب سے یاد کیے جانے لگے۔ یہ خطاب سب سے پہلے آپ کے لیے "عبدالحکیم سیالکوٹی" نے استعمال کیا۔ طریقت کے ساتھ وہ شریعت کے بھی سخت پابند تھے۔

ایک بار جہانگیر بادشاہ نے آپ کو طلب کیا لیکن دربار کی تہذیب کے مطابق آپ زمیں بوس نہیں ہوئے۔ جب آپ سے پوچھا گیا تو آپ نے جواب دیا "غیر اللہ کو سجدہ کرنا حرام ہے"۔ جہانگیر نے انہیں گوالیار کے قلعہ میں قید کروادیا۔ لیکن تین سال بعد اس شرط پر رہا کر دیا کہ لشکر سلطانی کے ساتھ رہیں چنانچہ چند دن یہ پابندی رہی پھر آپ 'سرہند' آگئے اور یہیں ۲۸، صفر ۱۰۳۴ھ میں انتقال کیا۔ اور شوال ۹۷۱ھ میں سرہند میں طلوع ہونے والا سورج ہمیشہ ہمیشہ کے لیے غروب ہو گیا۔ آپ کی مشہور تصانیف یہ ہیں رسالہ تہلیلیہ، رسالہ معید و معاد، مکاشفات غیبیہ، آداب المریدین، معارف اللدنیہ، رسالہ ردِ شیعہ، تعلیقات العوارف اور مکتوبات، مکتوبات کی تین جلدیں گویا علم و عرفان اور رشد و ہدایت کا مخزن ہیں۔

شاہ ولی اللہ محدّث دہلوی

آپ کا تاریخی نام عظیم الدّین ہے۔ ولادت ۱۱۱۴ھ میں ہوئی۔ سات سال کی عمر میں قرآن حفظ کیا۔ عربی فارسی کے مروجہ نصاب کی تعلیم اپنے والد سے حاصل کی اور فارغ التحصیل ہو کر ۱۵، سال کی عمر میں اپنے والد سے سلسلہ نقشبندیہ میں بیعت کی۔ ۱۱۴۳ھ میں آپ حج کے لیے گئے تو وہاں بھی آپ نے اکابر علماء سے استفادہ کیا۔ آپ کو بارہویں صدی کا مجدد تسلیم کیا گیا ہے۔ آپ کی سب سے مشہور کتاب "حجتہ البالغہ"

ہے۔ اس کے علاوہ دیگر تصانیف میں فتح الرحمان، فوز الکبیر، المصفی المسویٰ، القول الجمیل، فیوض الحرمین سرور المحزون، البدور البازغہ، الدار الثمین اور انفاس العارفین ہیں۔

شیخ عبد الحق محدّث دہلوی

دہلی کے مشہور صوفی، فقیہہ اور محدّث تھے۔ ان کے مورث اعلیٰ تیمور کے ساتھ بخارا سے دہلی آگئے تھے۔ ۲۰، سال کی عمر میں تمام علوم دینیہ کی تکمیل کی۔ ہندوستان میں علم حدیث کی اشاعت زیادہ تر انہیں کی ذات کی ممنون ہیں۔ آپ حج کے لیے گئے وہاں اکابر علماء سے استفادہ کیا۔ آپ شاعر بھی تھے اور "حقّی" تخلّص رکھتے تھے۔ تصوف میں آپ سلسلہ قادریہ سے وابستہ تھے۔

ان کی مشہور تصانیف لمعات، اشغہ اللمعات مدارج النبوۃ، جمع البحرین زاد المتیقین اور شرح اسماء الرجال بخاری ہیں۔ آپ کی ولادت ۱۵۵۱ء میں جبکہ وفات ۱۶۴۲ء میں ہوئی۔ مقبرہ قطب مہرولی میں حوض شمسی کے کنارے آپ آسودہ خاک ہیں۔

مولانا مملوک علی

مولانا مملوک علی مشہور عالم اور حضرت مولانا خلیل احمد المدنی کے نانا تھے۔ مولانا مملوک علی صاحب نے درسیات کا اکثر حصہ ماہتابِ ہند شاہ عبد العزیز صاحب قدس سرہ کے ارشدِ تلامذہ حضرت مولانا رشید الدین خانصاحب سے پڑھا تھا۔ فلکعِلم کے نیّرین امام ربانی حضرت مولانا رشید احمد گنگوہی و قاسم الخیرات حضرت مولانا قاسم صاحب نانوتوی اور مولانا محمد مظہر صاحب صدر المدرسین مظاہر علوم سہارنپور جیسی مقدس و مشہور ہستیوں کے استاد تھے۔ ان سب حضرات نے علومِ دینیہ وفنونِ ادبیہ کی پیاس اسی بحرِ ذخار کے آبِ دہن سے بجھائی اور ہر چہار طرف سے پریشان ہو کر اسی آستانہ پر شفاو تسکین پائی تھی۔

مولانا محمد قاسم نانوتویؒ

حضرت مولانا محمد قاسم نانوتویؒ بارہویں صدی ہجری کی ایک ایسی ممتاز شخصیت ہیں جو نہ صرف اپنے منتخب علم و عمل، ممتاز اخلاق و کردار اور مثالی کمالات و فضائل ہی کے ساتھ ہندوستان کی سرزمین پر نمایاں ہوئے بلکہ ساتھ ہی ایک ایسا جامع اور ہمہ گیر نصب العین بھی لے کر اٹھے۔ جس میں مردہ دلوں میں روح پھونکنے اور قوم کے مردہ پیکر میں از سر نو جان ڈالنے کی اسپرٹ موجود تھی اور جس میں عملی طور پر بالآخر یہی تاثیر دکھلائی بھی اور انھیں قوم کا ایک یگانہ روزگار ہیرو پیش کیا۔

حضرت مولانا نانوتویؒ ایک مسیحائے ملت کی حیثیت سے اس وقت نمایاں ہوئے جب کہ ۱۸۵۷ء کے انقلابی دور میں ہندوستان اپنی اسلامی عظمت اور شوکت سے محروم ہو رہا تھا۔ غرضیکہ ہندوستان کے دین، دیانت، سیاست، شوکت، علم، اخلاق اور خودداری کا آفتاب گہن میں آچکا تھا۔ اس وقت حضرت مولانا قاسم نانوتویؒ نہ صرف اپنی غیر معمولی علم و فضل اور زہد و اتقاء کے ساتھ بصورت آفتاب سرزمین ہند پر چمکے جس سے قوم و ملت ورطۂ حیرت سے نکلی۔ آپ کے نصب العین کا مرکزی نقطہ تعلیمی تھا جس سے علم الٰہی کی شعاعیں ہند و بیرون ہند پر پڑیں۔ جس سے سارا عالم استفادہ حاصل کر رہا ہے۔ بہر حال ملک کے اس مایوس کن حالات میں حضرت مولانا قاسم نانوتویؒ نے اسلام کی تعمیر و دفاع کے لیے اپنے آپ کو ظاہری و باطنی کمالات کے ساتھ پیش کیا۔ تلوار کے وقت تلوار سے، قلم کے وقت قلم سے اور زبان کے وقت زبان سے اسلام اور ملک و ملت کی نادر روزگار خدمت انجام دی۔ تعلیم کتاب و سنت کی ترویج کے لیے آپ کا مرکزی مورچہ دارالعلوم دیوبند اعلاء کلمۃ اللہ کے لیے شاملی کا میدان ہموار ہوا۔ دینی مدافعت کا میدانِ مباحثہ شاہجہاں پور روڈ کی و میرٹھ بنا۔ غرض کہ دین و دنیا کا وہ کون سا شعبہ ہے

جہاں حضرت مولانا قاسم نانوتویؒ نے اپنے نقوش نہ چھوڑے ہوں۔

مولانا محمود حسن

شیخ الہند مولانا محمود الحسن ۱۸۵۱ء میں بریلی میں پیدا ہوئے۔ ان کے والد مولوی ذوالفقار علی بریلی میں ہی بسلسلۂ ملازمت مقیم تھے۔ دارالعلوم دیوبند میں تعلیم کی تکمیل کے بعد وہیں مدرس مقرر ہوئے۔ کئی مشہور علمائے عہد ان کے شاگرد تھے۔ ملک کی آزادی کی تحریک میں بھی حصہ لیا اور اسی سلسلے میں قید وبند کی سزا پائی اور جزیرہ مالٹا میں جلاوطن بھی رہے۔

۳۰ نومبر ۱۹۲۰ء کو ان کا انتقال ہوا اور دیوبند میں دفن ہوئے۔

مولانا حسین احمد مدنی

شیخ الاسلام مولانا حسین احمد مدنی مشہور عالم اور مجاہد آزادی ہیں۔ ان کی ولادت ۱۶ اکتوبر ۱۸۷۹ء بمقام بانگر مؤ، ضلع اناؤ (اتر پردیش) میں ہوئی۔ ان کا تاریخی نام چراغ محمد، اور ان کے والد کا نام سید حبیب اللہ تھا۔ ابتدائی تعلیم یہیں پر ہوئی۔ مزید تعلیم کے لیے دارالعلوم دیوبند میں داخل ہوئے۔ یہاں سے فارغ ہونے کے بعد سعودی عربیہ (مدینہ) چلے گئے۔ یہاں انھوں نے کافی وقت گزارا اور اس دوران درس و تدریس کے ساتھ حصول علم کی کوششیں بھی جاری رکھیں۔ انھوں نے ملک کی آزادی میں بڑھ چڑھ کر حصہ لیا۔ انگریزوں اور ان کی پالیسیوں کی سختی سے مخالفت کی۔ نتیجتاً انھیں جیل (مالٹا۔ نینی) جانا پڑا۔ مولانا حسین احمد ملی نے تقسیم ہند کی بھی ڈٹ کر مخالفت کی۔ جمعیت العلماء سے آخری دم تک وابستہ رہ کر شریعت اور مسلم پرسنل لاء میں تبدیلی کی جم کر مخالفت کی۔ حکومت ہند نے ان کی خدمات پر پدم بھوشن ایوارڈ دینا چاہا مگر انھوں نے یہ کہہ کر انکار کر دیا کہ جو کچھ انھوں نے اپنے وطن کے لیے کیا ہے وہ ان کی ذمہ داری تھی۔

ان کا انتقال ۵ دسمبر ۱۹۵۷ء میں دیو بند میں ہوا۔

مُلّا عبد الحکیم سیالکوٹی

مولانا شمس الدّین کے بیٹے اور ہندوستان کے ان سپوتوں میں سے ہیں جن پر ملک ناز کر سکتا ہے۔ حضرت مجدد الف ثانی انہیں "آفتاب پنجاب" کہا کرتے تھے۔ آپ ہی وہ شخص ہیں جنہوں نے شیخ احمد سرہندی کو سب سے پہلے "مجدد الف ثانی" کے خطاب سے یاد کیا۔ تمام عمر درس و تدریس میں بسر کی۔ اپنے علم و فضل کے باعث "علامہ" کے لقب سے ملقب ہوئے۔ متعدد گراں قدر تصانیف ان کی یادگار ہیں۔ شاہجہاں نے دو مرتبہ چاندی میں تلوایا اور چاندی بھی عطا کی۔ ان کا انتقال ۱۲، ربیع الاول ۱۰۶۷ھ میں اپنے وطن سیالکوٹ میں ہوا۔

شبلی نعمانی

شبلی محمد اعظم گڑھ ضلع کے گاؤں بندول میں ۱۸۵۷ء میں پیدا ہوئے۔ آپ کے والد شیخ حبیب اللہ وکیل تھے۔ حصول تعلیم میں محمد فاروق چریا کوٹی، مولوی ارشاد حسین، مولوی فیض الحسن مولوی احمد علی سہارنپوری سے استفادہ کیا۔ تکمیل تعلیم کے بعد منفرد شاعری اور تصنیف و تالیف کے کام میں مشغول ہو گئے۔ ایک عربی رسالہ جاری کیا جس کا نام اسکات المعتدی تھا۔ اسی دوران آپ نے وکالت کا امتحان پاس کیا۔ مگر اس پیشے میں دل نہیں لگا۔ سر سید احمد خان کے کہنے پر فارسی اور عربی کے پروفیسر بن گئے۔ سر سید احمد خان کے قومی جذبہ سے بے حد متاثر ہو کر تاریخی رسالے اور قومی نظمیں لکھنا شروع کیں۔ اخیر عمر میں آپ کا سب سے بڑا تاریخی کارنامہ قانون وقف علی الاولاد پاس کرانا تھا۔ دار المصنفین کا قیام آپ کا زبردست ترین علمی کارنامہ ہے۔ اس سے فارغ ہونے کے بعد سیرۃ النبوی کی تصنیف شروع کی لیکن ابھی دو جلدوں ہی کی تکمیل ہوئی

تھی کہ ۱۹۱۴ء میں آپ مختصر علالت کے بعد انتقال کر گئے۔ اس کی بقیہ جلدیں آپ کے شاگرد سید سلیمان ندوی نے مکمل کیں۔

آپ کی مشہور تصنیفات یہ ہیں، المامون، سیرۃ النعمان، الفاروق، الغزالی، سوانح مولانا روم، علم الکلام، الکلام، کتب خانہ اسکندریہ، رسائل شبلی، موازنہ، (دبیر وانیس)، مقالات شبلی، شعر العجم، مضامین عالمگیر، سیرۃ النبیؐ، دیوان شبلی، مجموعہ کلام اردو، دستۂ گل، بوئے گل، اسکات المعتدی، الجزیہ، النقد علی التمدن الاسلامی۔

مولانا اشرف علی تھانوی

آپ تھانہ بھون مظفر نگر کے بڑے مشہور عالم دین اور صاحب طریقت تھے۔ آپ کی ولادت ۱۲۸۰ھ میں ہوئی۔ دیوبند میں آپ کی تعلیم ہوئی۔ حکیم الامتہ کے لقب سے یاد کیے جاتے تھے۔ تمام علوم دینیہ میں آپ کو عبور تھا۔ خاص طور سے فقہی مسائل میں بڑا ادرک رکھتے تھے۔ آپ کی خانقاہ روحانیت اور علم کا سر چشمہ تھی۔ مطالعہ و تصنیف آپ کا بہترین مشغلہ تھا۔ آپ کے مریدوں کی فہرست میں بڑے بڑے علماء شامل ہیں۔ آپ کی تصانیف میں ترجمۃ القرآن، بہشتی زیور اور بہشتی گوہر بہت مقبول ہیں، آپ کا انتقال ۱۳۶۲ھ میں ہوا۔ زوج مفقود الخبر کے مسئلہ میں تفسیر اور آپ نے فقہ حنفی کے مسلک کو چھوڑ کر امام مالک کے فتویٰ پر علمائے ہند کا اجتماع کرایا اسکی تفصیلات "الحیلتہ الناجزہ للحیلتہ العاجزہ" میں مرقوم ہیں۔

امام احمد رضاؒ

امام احمد رضا بہ معروف "اعلیٰ حضرت" ۱۴ جون ۱۸۶۵ء، بروز پیر بریلی میں پیدا ہوئے۔ پیدائشی نام محمد اور تاریخی نام المختار ہے۔ آپ کے جد اعلیٰ نے آپ کا نام احمد رضا رکھا تھا۔ آپ بلا کے ذہین تھے اور غور و فکر میں اکثر کھوئے رہتے تھے۔ کم سنی میں ہی

قرآن کا علم حاصل کیا۔ بقیہ علوم کے لیے مرزا غلام قادر بیگ اور اپنے والد مولانا شاہ نقی علی خان سے استفادہ کیا۔ جس میں علم تفسیر، علم حدیث، اصول حدیث، علم صرف و نحو وغیرہ شامل ہیں۔

اس کے علاوہ آپ نے مولانا سید آل رسول مارہروی، مولانا سید ابوالحسن نوری اور مولانا عبد العلی رامپوری سے بھی استفادہ کیا۔ تحصیل علوم کے بعد آپ نے درس و تدریس و تصانیف کا سلسلہ شروع کیا۔ تقریباً ہر علوم قدیم و جدید پر آپ نے طبع آزمائی کی ہے۔ آپ کی تصانیف کی تعداد تقریباً ہزار تک جاتی ہے۔ ان میں "فتاویٰ رضویہ شریف" بہت مشہور ہے۔ آپ کا انتقال بروز جمعہ ۲۸ اکتوبر ۱۹۲۱ء کو ہوا اور مدفن بریلی میں ہے۔

سید قطب شہید

سید قطب شہید، ان کا اصل نام سید ہے، قطب ان کا خاندانی نام ہے۔ ان کے آباء و اجداد اصلاً جزیرۃ العرب کے رہنے والے تھے۔ ان کے خاندان کے ایک بزرگ وہاں سے ہجرت کر کے بالائی مصر کے علاقے میں آباد ہو گئے تھے۔ سید قطب کی پیدائش ۱۹۰۶ء میں مصر کے ضلع اسیوط کے موشا نامی گاؤں میں ہوئی۔ ابتدائی تعلیم گاؤں میں ہوئی اور بقیہ تعلیم قاہرہ یونیورسٹی سے حاصل کی اور بعد میں یہیں پروفیسر ہو گئے۔ کچھ دنوں کے بعد وزارت تعلیم کے انسپکٹر آف اسکولز کے عہدے پر فائز ہوئے اور اس کے بعد "اخوان المسلمین" سے وابستہ ہو گئے اور آخری دم تک اسی سے وابستہ رہے۔ سید قطب شہید مصری معاشرے کے اندر ایک ادیب لبیب کی حیثیت سے ابھرے۔ سیاسی اور اجتماعی نقاد کے عنوان سے انھوں نے نام پیدا کیا۔ ان کی اہم ترین تصنیف قرآن کریم کی تفسیر ہے جو "فی ظلال القران" کے نام سے عربی میں لکھی گئی ہے اور اس کا ترجمہ بشمول اردو کئی زبانوں میں ہو چکا ہے۔ بالآخر اسلام کے اس عظیم مفکر، داعی اور مفسر

قرآن کو مصری حکومت کے خلاف سازشیں کرنے کے جرم میں گرفتار کرلیا گیا اور ۲۵ اگست ۱۹۶۶ء کو انھیں پھانسی دے دی گئی۔

تصانیف : اشواک، طفل من القریۃ، المدینۃ المسحور، الاطیاف الاربعۃ، مشاھد القیامۃ فی القران، التصویر الفنی فی القران، فی ظلال القران، معالم فی الطریق، الشاطئ المجہول، قافلۃ الرقیق، دراسات اسلامیہ، السلام العالمی والاسلام، کتب و شخصیات، علم الفجر، امریکہ التی رائیت

مولانا مودودی

مولانا سید ابوالاعلیٰ مودودی بیسویں صدی کے ایک عظیم رہنما اور ایک عظیم اسلامی مفکّر تھے۔ آپ کی عظمت کا اندازہ اس بات سے باآسانی لگایا جاسکتا ہے کہ دنیائے اسلام میں خدمت اسلام پر پہلے شاہ فیصل ایوارڈ کے لیے آپ کو منتخب کیا گیا۔

مولانا مودودی نے اللہ کے بندوں تک اللہ کا پیغام پہنچانے کے لیے اپنی پوری زندگی وقف کردی تھی۔ مولانا نے جب اس امر کی شدید ضرورت محسوس کی کہ اسلامی نظام قائم کرنے کے لیے اجتماعی جدوجہد مطلوب ہے تو اس وقت تمام اسلامی تنظیموں کو مسلسل دعوت دی کہ سب مل کر اُمتِ واحدہ بن جائیں اور اقامت دین کے لیے جدوجہد کریں۔ لیکن کسی بھی دینی جماعت نے آپ کی پرخلوص دعوت پر لبّیک نہیں کہا۔ آخر کار مولانا مودودی نے خود ہی عزیمت و استقامت کا ثبوت دیتے ہوئے اعلائے کلمۃ اللہ اور غلبۂ دین کے نصب العین کو منظم انداز میں انجام دینے کے لیے ۱۹۴۱ء میں جماعت اسلامی کے نام سے ایک تحریک کی بنیاد ڈالی۔ جو ہنوز اقامت دین کی راہ پر گامزن ہے۔

غلبۂ اسلام کی سعی و کوشش میں مولانا مودودی کو ابتلاء و آزمائش کا بھی سامنا کرنا پڑا طرح طرح کی مشکلات پیش آئیں۔ ۱۹۵۳ء میں قادیانیت کی تحریک ارتداد کو طشت از

بام کرنے کے لیے قادیانی مسئلے کے نام سے ایک کتابچہ لکھا جسے فوجی حکومت نے جرم عظیم سے تعبیر کیا۔ اور فوجی عدالت میں پھانسی کی سزا تجویز کی مگر عالم اسلام کے احتجاج و دباؤ سے مجبور ہو کر پھانسی کی سزا کو ۱۴، سال قید با مشقت میں تبدیل کر دیا بعد ازاں ڈھائی سال بعد رہا کر دیا۔ مولانا مودودی ۲۵، ستمبر ۱۹۰۳ء کو اورنگ آباد میں پیدا ہوئے۔ تکمیل تعلیم کے بعد عملی زندگی میں قدم رکھا اخبار مسلم کی ادارات شروع کی پھر ۱۹۲۵ء الجمیعہ کی ابتدا کی۔ اس کے بعد ۱۹۳۲ء میں ترجمان القرآن کے نام سے رسالہ جاری کیا۔ تحریک اقامتِ دین کی ضرورت و اہمیت کو واضح کرنے کے لیے اور اس دعوت کو عام کرنے کے لیے مولانا مودودی نے ایک سو سے زائد کتابیں لکھیں۔ آپ کی شاہکار کتاب "تفہیم القرآن" (قرآن مجید کی تفسیر) جو چھ جلدوں پر مشتمل ہے۔ اس کے علاوہ "الجہاد فی الاسلام" پردہ، سود، خلافت و ملوکیت، اسلام اور ضبطِ ولادت، خطبات مودودی، مسئلہ جبر و قدر، سرور عالم، مسلم خواتین سے اسلام کے مطالبات وغیرہ وغیرہ۔ ۲۲، ستمبر ۱۹۷۹ء کو آفتاب جہاں تاب دنیا کے طول و عرض میں لاکھوں سینوں میں ایمان کی روشنی پیدا کر کے خود تقدیر الٰہی کے تحت بالآخر ڈوب گیا۔

سید ابوالحسن علی ندوی

سید ابو الحسن علی ندوی بمعروف علی میاں نہایت ہی جید عالم تھے۔ آپ کے والد مولانا حکیم عبد الحئی صاحب نہ صرف طبیب بلکہ زبردست مورخ اور سیرت نگار تھے نزہت الخواطر اور گلِ رعنا جیسی تصنیفات آپ کی یادگار ہیں۔ ان کی والدہ خیر النساء بہتر نیک سیرت خاتون اور شاعرہ تھیں۔ آپ کا گھرانہ علم اور دینداری میں ممتاز تھا۔ آپ کی ولادت رائے بریلی میں ٦، محرم ۱۳۳۳ء میں ہوئی۔ ابتدائی تعلیم رائے بریلی میں ہی شروع ہوئی مگر تکمیل لکھنؤ میں ہوئی۔

کم سنی میں ہی والد محترم کا انتقال ہو گیا۔ بقیہ تربیت بڑے بھائی اور والدہ کی زیر نگرانی ہوئی۔ علی میاں کو انگریزی پڑھنے کا شوق ہوا تو ایک اُستاد سے سیکھنا شروع کر دیا مگر جب ان کی والدہ کو اس کا علم ہوا تو انہوں نے خط لکھا کہ "علی تم کسی کہ کہنے میں مت آؤ اگر تم اللہ کی رضامندی چاہتے ہو اور تم کو میرے حقوق ادا کرنے کا شوق ہے تو تم ان لوگوں کی سیرت کا مطالعہ کرو جنہوں نے علم دین حاصل کرنے میں عمریں گزار دیں ان کے مرتبے کیا تھے۔ حضرت شاہ ولی اللہؒ، شاہ عبد العزیزؒ، شاہ عبد القادر صاحبؒ اور مولانا محمد امین صاحبؒ جن کی زندگی اور موت دونوں قابل رشک ہوئیں۔ کس شان سے دنیا برتی اور کیسی کیسی خوبیوں کے ساتھ رحلت فرمائی۔ یہ مرتبے انگریزی پڑھ کر حاصل نہیں کیے جا سکتے انگریزی پڑھنے والے تمہارے خاندان میں بہت ہیں مگر اس مرتبے کا کوئی نہیں علی اگر میری سو اولادیں ہوتیں تو میں سب کو یہی تعلیم دیتی۔ اب تم ہی ہو اللہ میری خوش نیتی کا پھل دے اور سو خوبیاں تم سے حاصل ہوں اور میں دارین میں سرخ رو اور نیک نام ہوں اور صاحب اولاد کہلاؤں آمین یارب العالمین"۔ اس کے بعد انہوں نے علمِ دین کے حصول میں مکمل یکسوئی دکھائی اور خود کو اس کام کے لیے وقف کر دیا۔

دار العلوم دیوبند سے ایک بار ناطہ جڑا اور پھر مرتے دم تک جڑا ہی رہا۔ آپ کا زیادہ تر وقت مطالعہ اور تصنیف و تالیف میں گزرتا تھا۔ آپ دار العلوم ندوہ کے منتظّم اور آل انڈیا پرسنل لا بورڈ کے صدر بھی تھے۔ صحیح وقت پر صحیح اور مصنفانہ فیصلہ کرنا آپ کی خاصیت تھی۔ آپ کی دینی خدمات کے اعتراف میں خانہ کعبہ کی چابی آپ کو دی گئی تھی۔

آپ کی مشہور تصانیف، تاریخ دعوت و عزیمت، کاروانِ زندگی، مغرب سے کچھ صاف صاف باتیں، نقوشِ اقبال، دریائے کابل سے یرموک تک ہیں مگر ان کی شہرہ آفاق تصانیف "انسانی دنیا پر مسلمانوں کے عروج و زوال کا اثر" اپنے آپ میں ایک شاہکار ہے۔ آپ کا انتقال بروز جمعہ ۲۲، رمضان ۱۴۲۱ھ (۳۱، دسمبر ۱۹۹۹ء) کو ہوا۔

(۲) باب دوم: شعراء، ادباء اور مصلحین

الخلیل

الخلیل بن احمد کی پیدائش ۶۱۶ء میں ہوئی عمان کے باشندے اور مشہور نحوی وادیب ہیں۔ علم عروض کے موجد ہیں اور سب سے پہلے عربی لغت بھی انھوں نے ہی لکھی۔ جس کا نام کتاب العین ہے۔ اس کے علاوہ ان کی دیگر اہم تصانیف یہ ہیں۔ "شرح صرف الخلیل، کتاب فیہ جملہ آلات الاعراب۔ ان کا انتقال ۷۸۶ء میں ہوا۔

الکسائی

الکسائی علی بن حمزہ بن عبداللہ بن رحمن بن فیروز مشہور نحوی وماہر زبان تھے۔ ان کی وفات کوفہ میں ۱۸۹ھ میں ہوئی۔ ابتدائی تعلیم کوفہ میں پائی۔ پھر بصرہ میں خلیل بن احمد سے تحصیل علم کی۔ خلیل نے انھیں نجد کے ایک قبیلہ کے پاس زبان سیکھنے کے لیے بھیج دیا۔ جب یہ بصرہ واپس آئے تو خلیل کا انتقال ہو چکا تھا۔ اس کی جگہ الکسائی کو مل گئی اور بغداد میں مستقل قیام کیا۔ ہارون الرشید نے امین ومامون کی تعلیم کے لیے انھیں بھی مامور کیا تھا۔ ان کی مشہور تصنیف رسالہ فی لحن العامہ ہے۔

سیبویہ

سیبویہ ابوبشر عمر بن عثمان بن قنبر عربی زبان کے نہایت مشہور نحوی اور ادیب تھے۔ یہ شیراز کے مضافات، موضع البیضاء میں پیدا ہوئے۔ ابتدائی تعلیم کے بعد تحصیل علم کے لیے بصرہ گئے۔ یہاں کے اکابرین علماء سے استفادہ کیا۔ خاص طور سے ماہر لسانیات الخلیل بن احمد سے۔ کم عمری میں ہی عربی زبان میں مہارت حاصل کی اور نحو کی

کتاب مرتب کی جو آج تک مختلف مدارس کے درسیات میں شامل ہے۔ ان کی کتاب النحو کی متعدد شرحیں لکھی گئیں اور یورپ کی مختلف زبانوں میں اس کے ترجمے ہوئے۔ ان کا انتقال ۷۹۱ء میں ہوا۔

ابن سیدہ

ابن سیدہ ابوالحسن علی بن اسماعیل ادبیات و منطق کے ماہر اور مشہور لغت نویس تھے۔ یہ نابینا تھے۔ تعلیم مکمل ہونے کے بعد امیر ابوالجیش کے دربار سے وابستہ ہوئے اور پھر اس کے بیٹے امیر الموفق سے ان کی مشہور لغت کتاب المخصّص ہے۔ جو ۷ جلدوں میں ہے۔ اور دوسری لغت کتاب المحکم والمحیط الاعظم ہے۔ ان کا انتقال ۱۰۶۶ء میں ہوا۔

ابن منظور

ابن منظور جمال الدین کی ولادت ۶۳۰ء میں ہوئی۔ یہ ادیب و لغت نویس تھے۔ ان کی نہایت ہی مشہور تصنیف لسان العرب ہے۔ ان کا انتقال ۷۱۱ء میں ہوا۔

ابن عبدربہ

ابن عبدربہ احمد بن محمد ابو عمر اسپین کے مشہور ادیب و تذکرہ نگار تھے۔ ان کی ولادت قرطبہ میں ۸۶۰ء میں ہوئی ان کی مشہور تصانیف: تذکرۃ الشعراء اور العقد الفرید ہیں۔ ان کا انتقال ۹۴۰ء میں ہوا۔۔

الحلبی

الحلبی نورالدین عرب کے مشہور مصنف ہیں۔ قاہرہ میں ۱۵۶۷ء پیدا ہوئے اور یہیں ۱۶۳۴ء میں وفات بھی پائی۔ ان کی زیادہ تر کتابیں سیرت رسولؐ پر ہیں۔ ان کی مشہور کتاب النسان العیون فی سیرت الامین المامون (سیرت حلبیہ) ہے۔ یہ کتاب عربی زبان کی سیرت کی کتابوں میں سند کا درجہ رکھتی ہے۔

المعری

ابو العلا (المعری) احمد بن عبد اللہ بن سلیمان معرۃ النعمان میں ۹۷۳ء میں پیدا ہوئے۔ اپنے عہد کے بڑے مشہور شاعر و نقاد تھے۔ ۴ سال کی عمر میں چیچک نکل آئی اور اسی سے بینائی جاتی رہی۔ مگر حافظہ غضب کا تھا۔ جو بات ایک بار سن لیتے یاد ہو جاتی اور اسے کبھی نہ بھولتے۔ ابتدائی تعلیم حلب، طرابلس اور انطاکیہ میں ہوئی۔ تعلیم کی تکمیل کے بعد شاعری شروع کی۔ کچھ وقت بغداد میں بھی گزارا مگر علالت کی وجہ سے اپنے وطن معریٰ واپس آگئے اور بقیہ زندگی گوشہ نشین ہو کر نہایت زاہدانہ انداز میں گزاری۔ انھوں نے اپنی غذا میں دال اور سبزیوں پر گزارا کرتے تھے۔ گوشت اور انڈا سے مکمل پرہیز تھا۔

علامہ اقبال کی نظم ہے-----

کہتے ہیں کبھی گوشت نہ کھاتا تھا معری
پھل پھول پہ کرتا تھا ہمیشہ گزر اوقات

اس نظم میں علامہ اقبال نے معری کی دو تصانیف "غفران" اور "لزومات" کا ذکر کیا ہے۔ ان کا انتقال ۱۰۵۸ء میں ہوا۔

الحریری

عرب کے مشہور نحوی اور ادیب تھے۔ مشان (بصرہ کے نزدیک) میں ۱۰۷۳ء میں پیدا ہوئے اور یہیں تعلیم بھی پائی۔ ان کی نہایت ہی مشہور کتاب "مقامات حریری" ہے جو اپنے عربی محاسن کی وجہ سے کلاسک میں شمار کی جاتی ہے اور عربی کے نصاب میں شامل ہے۔ اس کا ترجمہ عبرانی اور لاطینی زبانوں میں ہو چکا ہے۔ ان کی ایک اور کتاب "درۃ الغواص" ہے جس میں عربی محاورات و الفاظ کے غلط استعمال پر روشنی ڈالی گئی ہے۔ ان کا

انتقال ۱۱۲۲ء میں ہوا۔

مولانائے روم

محمد جلال الدین رومی، ان کا نام تھا۔ جلال الدین، لقب مگر مولانائے روم کے نام سے مشہور ہوئے۔ ان کے والد کا نام بہاؤالدین تھا۔ یہ بڑے ہی صاحب علم و فضل بزرگ تھے۔ ان کا وطن بلخ تھا۔ اور یہیں مولانائے روم ۶۰۴ ھ میں پیدا ہوئے۔ ابتدائی تعلیم کے مراحل شیخ بہاؤالدین نے طے کرا دیے اور پھر اپنے مرید سید برہان الدین کو جو اپنے زمانے کے فاضل علماء میں شمار کیے جاتے تھے مولانا کا معلم اور اتالیق بنا دیا۔ اکثر علوم مولانا کو انہی سے حاصل ہوئے۔ اپنے والد کی حیات تک ان ہی کی خدمت میں رہے۔ والد کے انتقال کے بعد ۶۳۹ ھ میں شام کا قصد کیا۔ ابتدا میں حلب کے مدرسہ حلاویہ میں رہ کر مولانا کمال الدین سے شرف تلمذ حاصل کیا۔

مولانائے روم اپنے دور کے اکابر علماء میں سے تھے۔ فقہ اور مذاہب کے بہت بڑے عالم تھے۔ لیکن آپ کی شہرت بطور ایک صوفی شاعر کے ہوئی۔ دیگر علوم میں بھی آپ کو پوری دستگاہ حاصل تھی۔ دوران طالب علمی میں ہی پیچیدہ مسائل میں علمائے وقت مولانا کی طرف رجوع کرتے تھے۔ شمس تبریز مولانا کے پیر و مرشد تھے۔ مولانا کی شہرت سن کر شہنشاہ روم کیقباد نے انھیں اپنے پاس بلوایا۔ مولانا نے درخواست قبول کی اور قونیہ چلے گئے اور بقیہ زندگی وہیں گزار کر ۶۷۲ ھ میں انتقال کر گئے۔ ان کی سب سے مشہور تصنیف "مثنوی مولانائے روم" ہے۔ اس کے علاوہ ان کی ایک مشہور کتاب "فیہ مافیہ" بھی ہے۔

باقی ایں گفتہ آید بے زباں
دردِ دل ہر کس کہ دارد نورِ جان

(جس شخص کی جان میں نور ہو گا اس مثنوی کا بقیہ حصہ اس کے دل میں خود بخود اُتر جائیگا)

جامی

مولانا جامی فارسی کے آخری کلاسک شاعر تھے۔ ان کا پورا نام جامی نورالدین عبدالرحمن تھا۔ ان کی ولادت ۱۴۱۴ء میں خرد جرد ضلع جام ہرات میں ہوئی۔ اسی نسبت سے انھیں جامی کہا جاتا ہے۔ اگرچہ ان کے والد نظام الدین احمد بن شمس الدین ہرات چلے گئے تھے مگر ان کا اصل وطن "دشت" (اصفہان کا ایک شہر) تھا۔ اس لیے انھوں نے پہلے دشتی تخلص اختیار کیا۔ دوران تعلیم جب ان کو تصوف کی طرف توجہ ہوئی تو سعیدالدین محمد کاشغری سے بیعت کی اور اخیر عمر میں مجذوب ہو گئے۔

ان کی مشہور تصانیف "مثنوی یوسف زلیخا" لیلیٰ مجنوں، فاتحۃ الشباب، واسطۃ العقد، خاتمۃ الحیات، شیخ سعدی کی گلستاں کے جواب میں ایک نثری کتاب "بہارستاں" کے نام سے لکھی تھی۔ اس کے علاوہ "سلسلۃ الذھب" اور "خرد نامہ سکندری" ان کی بہت مشہور کتابیں ہیں۔ اخیر عمر میں یہ مجذوب ہو گئے تھے اور لوگوں سے بولنا ترک کر دیا تھا۔ اسی حالت میں ۱۴۹۲ء میں ہرات میں ان کا انتقال ہوا۔

حافظ شیرازی

حافظ شمس الدین المعروف بہ حافظ شیرازی کا خاندان اصفہان کا رہنے والا تھا مگر آبا و اجداد شیراز میں آ کر بس گئے تھے۔ ان کے والد بہاؤالدین تجارت پیشہ تھے جو ان کا آبائی پیشہ تھا۔ کم سنی میں ہی والد کا انتقال ہو گیا۔ والدہ نے نہایت ہی مشقت و شفقت سے پالا۔ شاعری کی طرف شروع ہی سے میلان تھا۔ کم سنی ہی میں طبع آزمائی شروع کی تو لوگوں نے مذاق اڑایا، پھبتیاں کسیں۔ مگر انھوں نے ہمت نہیں ہاری۔ آخرکار بلبل شیراز

کے خطاب سے نوازے گئے۔ (ان کا زمانہ پندرہویں صدی عیسوی کا تھا۔) فارسی زبان کے غزل گو شعراء میں بلند مقام حاصل ہوا۔ ان کے دیوان کی بے شمار شرحیں لکھی گئیں۔ لوگ ان کے کلام سے فال نکال کر اپنے معاملات میں رہنمائی حاصل کرنے لگے۔ اسی وجہ سے انھیں لسان الغیب کے نام سے یاد کیا جاتا تھا۔

حافظ شیرازی والیِ شیراز کے دربار سے وابستہ رہے اور تمام عمر یہیں رہے۔ عمر کے آخری دور میں دکن (ہند) جانے کا ارادہ کیا۔ اس زمانے میں یہاں بہمنی خاندان کی حکومت تھی۔ مگر جب جہاز میں بیٹھے تو طوفان نے گھیر لیا۔ اس طرح یہ دوبارہ شیراز نہ آ سکے اور یہیں انتقال کیا۔

اہل شیراز نے ان کی موت کا ایسا سوگ منایا جو کبھی چشم فلک نے نہ دیکھا تھا۔ پورا شہر جنازے میں شرکت کے لیے اپنے گھروں سے باہر نکل آیا تھا۔ مسجدوں، میناروں پر سیاہ پرچم لہرا دیے گئے تھے۔ ہر آنکھ اشک بار اور ہر زبان پر صدائے واویلا تھی۔ آپ کا کلام دیوانِ حافظ کے نام سے آج بھی دستیاب ہے۔

بر سرِ تربت ماچوں گزرے ہمتِ خواہ
کہ زیارت گہہ رندانِ جہاں خواید بود

شیخ سعدی

شیخ سعدی کا نام شرف الدین، لقب مصلح اور تخلص سعدی ہے۔ چونکہ ان کے والد عبد اللہ شیرازی اتابک سعد زنگی کے ملازم تھے اور انھیں کے دور میں آپ نے شاعری شروع کی اسی نسبت سے آپ کا تخلص سعدی تھا۔ ان کی تعلیم بغداد کے مشہور مدرسہ نظامیہ میں ہوئی اور تصوف کے مراحل شیخ عبد القادر جیلانی کی نگرانی میں طے کیے۔

شیخ سعدی کو سیاحت کا بے انتہا شوق تھا۔ حصول علم کے لیے انھوں نے سیاحت کی

ٹھانی اور یہ سلسلہ تقریباً تیس برس تک چلتا رہا۔ اس دوران انھوں نے عراق، فلسطین، طرابلس اور ترکستان وغیرہ کا سفر کیا اور کئی بار حج کیے۔ جہاں جہاں سے گزرے ان مقامات کو نظم کے پیرائے میں منظم کیا۔ اس طرح دور دراز کے علاقوں اور ملکوں کی سیر وسیاحت کرتے ہوئے اور انسانوں کو انسانیت کا درس دیتے ہوئے ابو بکر سعد کی حکومت میں شیراز لوٹے۔ اس کے بعد برسوں ریاضت اور مجاہدہ کرتے ہوئے گوشہ نشینی اختیار کرلی۔ اس کے بعد انھوں نے اپنے عمر بھر کے تجربات اور مشاہدات کو گلستاں وبوستاں کی شکل میں دنیاکے سامنے پیش کیا۔ ان کی یہ دونوں کتابیں شہرہ آفاق حیثیت کی حامل ہیں۔ اور خاص طور سے گلستاں جس کے اشعار کے پھول آج بھی تر و تازہ ہیں۔ بوستاں ان کی نظموں کے مجموعے کانام ہے۔ اور گلستاں کی نثری عبارتوں کو حسب حال اشعار سے مزین کیا گیاہے۔

بچہ کار آیدت زگل طبقے
از گلستانِ من ببر ورقے
گُل ہمیں پنج روزو شش باشد
ویں گلستاں ہمیشہ خوش باشد

شیخ سعدی حکایتوں میں نصیحتوں کا بیان کرتے ہیں۔ ان کا انتقال ۱۰۲ برس کی عمر میں ۱۲۹۲ءمیں شیراز ہی میں ہوا۔

حکیم سنائی

سنائی ابوالمجد مجدود بن آدم دربارِ غزنی کے مشہور فیلسوف شاعر تھے۔ ابتدائی زمانہ صرف امراء کی مداحی میں بسر کیا۔ لیکن بعد میں یہ مشغلہ ترک کر کے مرو چلے گئے اور زاہدانہ زندگی شروع کی۔ یہیں انھوں نے ایک منظوم کتاب "حدیقۃ الحقیقت" لکھی جو

حدیقہ حکیم سنائی" کے نام سے مشہور ہے۔ ان کی دیگر مشہور مثنویاں یہ ہیں۔ طریق التحقیق، غریب نامہ، کارنامہ، عشق نامہ اور عقل نامہ وغیرہ۔

اخیر عمر میں یہ غزنہ واپس آگئے اور ۵۲۶ھ میں انتقال کر گئے۔ ان کا یہ شعر بہت مشہور ہے۔

علم کز تو ترا نہ بستاند جہل زا علم بہ بود بسیار

(جو علم تجھے تجھ سے نہ لے لے اس علم سے جہالت بہتر ہے۔)

فردوسی

فردوسی کا نام حسن تھا۔ ان کی ولادت ایرن کے شہر طوس میں ۹۳۲ء میں ہوئی۔ ان کے والد نے مختصر سی جائداد چھوڑی تھی یہی ان کا ذریعہ معاش تھا۔ مگر مسلسل محنت اور لگن نے انھیں فارسی کا مشہور رزمیہ شاعر اور شاہنامہ کا مصنف بنادیا۔ ابتدائی تعلیم اسدی سے حاصل کی۔ اور ان کے ایک دوست نے شاہانِ سلف کے حالات کی ایک قلمی کتاب دی اسی کو سامنے رکھ کر انہوں نے شاہنامہ شروع کی۔ اس میں ۶۰ ہزار اشعار شامل ہیں۔ یہ مثنوی انھوں نے ۳۵سال میں مکمل کی۔ جبکہ ان کی عمر ۸۰ سال ہوئی۔ جب محمود غزنوی نے خراسان فتح کیا تو اس کے وزیر حسن بن احمد نے

فردوسی کا تعارف بادشاہ سے کروایا اور بادشاہ نے فی شعر ایک دینار دینے کا وعدہ کیا۔ مگر شاہنامہ پورا ہونے پر بادشاہ اپنے وعدے سے مکر گیا اور اس نے صرف ۲۰ ہزار دینار دیے۔ فردوسی نے جل کر یہ ساری رقم حمام کے ملازم اور مئے فروش کو دے دی۔ جب محمود غزنوی کو یہ خبر پہنچی تو اس نے فردوسی کو ہاتھی سے کچلوانے کا حکم صادر کر دیا۔ مگر فردوسی وہاں سے بھاگ کر فرماں روائے طبرستان کے پاس چلا گیا۔

فردوسی نے ایک مثنوی "یوسف زلیخا" کے نام سے لکھی۔ جس کی فرمائش سلطان

الدولہ نے کی تھی۔ اس کے بعد وہ اپنے وطن طوس واپس آیا اور یہیں ۱۰۲۱ء میں اس کا انتقال ہو گیا۔ جب اس کا جنازہ جا رہا تھا اسی وقت محمود غزنوی کے فرستادے شاہنامہ کے انعام کی رقم لے کر آئے۔ مگر فردوسی کی بیٹی نے یہ رقم لینے سے انکار کر دیا۔ مگر محمود غزنوی نے اس رقم سے اس کے نام سے ایک رباط بنوا دیا۔

به غزنیں مرا گرچه خوں شُد جگر ز بیداد آں شاه بیداد گر
کز اں ہیچ شد رنج سی ساله ام شنید از زمیں آسماں ناله ام

ابن سکیت

ابن سکیت ابو یوسف ماہر لسانیات اور نحوی تھے۔ ان کی ولادت بغداد میں ۱۸۵ھ کی ہے۔ انھوں نے مختلف زبانیں سیکھیں اور خلیفہ المتوکل کے بیٹوں کے اتالیق مقرر ہوئے۔ ان کی مشہور کتابیں اصلاح المنطق، کتاب القلب والابدال، شرح دیوان خنساء وغیرہ ہیں۔ ان کا انتقال ۲۴۴ھ میں ہوا۔

ابو سعید

ابو سعید فضل اللہ بن ابی الخیر فارسی کے مشہور صوفی شاعر تھے۔ ان کی ولادت خراسان میں ۹۶۷ء میں ہوئی۔ یہ زیادہ تر رباعیاں ہی کہتے تھے۔ انہیں صوفیانہ شاعری کا موجد سمجھا جاتا ہے۔ ان کی مشہور تصنیف، ابو القاسم بشر یاسین ہے۔ ان کی وفات ۱۰۴۹ء میں ہوئی۔

سہل بن ہارون

مشہور شاعر و مصنف تھے۔ یہ ایرانی النسل تھے۔ ہارون رشید کے زمانے میں یحیٰی برمکی کے سیکریٹری رہے اور مامون کے عہد میں انھیں خاصا اقتدار حاصل ہو گیا۔ یہ ان ایرانی اہل قلم میں سے تھے جنھوں نے عربی لٹریچر کو ایرانی لٹریچر سے کافی متاثر کیا۔

انہوں نے کلیلہ و دمنہ کے انداز کی ایک کتاب "ثعلہ و عفرہ" کے نام سے لکھی۔ ان کی دیگر تصانیف کتاب الاخوان، کتاب المسایل، کتاب المخزومی والہذلیہ اور تدبیر الملک والسیات ہیں۔

القلیوبی

القلیوبی احمد بن احمد بن سلامہ شہاب الدّین کا زمانہ گیارہویں صدی ہجری کا ہے۔ یہ فقہہ، ادبیات اور طب میں مہارت رکھتے تھے۔ انہوں نے تقریباً درج بالا ہر موضوع پر متعدد کتابیں لکھی ہیں، کتاب المجربات، معراج النبی، کتاب الصلوٰۃ، التذکرہ فی طب اور نوادر القلیوبی بہت مشہور ہیں۔ ان کی وفات ۱۰۶۹ھ میں ہوئی۔

ابن ہجا

ابن ہجاء ابو المحاسن تقی الدین مملوک عہد کے صاحب طرز شاعر تھے۔ ان کی مشہور تصانیف، خزانۃ العرب و سیات العرب اور ثمرات الاوراق ہیں۔ ان کی ولادت حماۃ میں ۱۳۶۶ء میں ہوئی اور ان کی وفات ۱۴۳۴ء میں ہوئی۔

اصمعی

عبد الملک اصمعی علم حیاتیات کا ماہر تھا۔ اس کے علاوہ اصمعی کو شعر و شاعری اور ریاضی سے خاص لگاؤ تھا۔ اصمعی کا وطن بصرہ تھا۔ ابتدائی تعلیم یہیں حاصل کر کے بغداد آ گئے اور یہیں مستقل سکونت اختیار کر لی۔ بغداد میں عبد الملک اصمعی نہایت ہی یکسوئی سے مطالعہ اور تحقیق میں مصروف ہو گئے۔

علم حیوانات پر گہری تحقیق کر کے اپنے مشاہدات اور تجربات قلم بند کیے۔ انہوں نے علم حیاتیات پر پانچ کتابیں تصنیف کیں ہیں۔ جس میں انہوں نے جانوروں کی خصوصیات، عادات و اطوار کو بیان کیا ہے۔ ان کتابوں کو یہ شرف حاصل ہے کہ علم

الحیاتیات پر دنیا کی پہلی تصنیف کہی جاسکتی ہے۔ کتاب الخیل، کتاب الابل، کتاب الشاۃ، کتاب الوحوش اور خلق الانسان یہ پانچ کتابیں ہیں۔ ۷۴۰ء میں بصرہ میں پیدا ہونے والا علم حیاتیات کا ماہر ۸۲۸ء میں انتقال کرگیا۔

کاشفی

کاشفی ملا حسین واعظ ہرات کے مشہور ادیب تھے۔ یہ سلطان حسین مرزا کے عہد میں پائے جاتے تھے۔ ان کی تصنیفات میں "اخلاق محسنی" کو بڑی شہرت حاصل ہوئی۔ دیگر تصانیف، انوار سہیلی (کلیلہ و دمنہ کا ترجمہ) تفسیر حسینی، روضۃ الشہداء اور صحیفۂ شاہی ہیں۔ ان کا انتقال ۱۵۰۵ء میں ہوا۔

نظامی عروضی سمرقندی

نظامی عروضی سمرقندی کا زمانہ چھٹی صدی ہجری کا ہے۔ یہ فارسی کے نہایت مشہور ادیب تھے۔ یہ فرمانروایان غوری کے دربار سے ۴۵ سال تک وابستہ رہے۔ "چہار مقالہ" ان کا نہایت مشہور تذکرہ ہے۔ جس سے بعد میں اسفند یار، جامی، غفاری وغیرہ نے استفادہ کیا۔ اس کے علاوہ انھوں نے متعدد مثنویاں بھی لکھی ہیں۔

جاحظ

ابو عثمان عمرو بن بحر ۷۷۶ء میں عراق کے شہر بصرہ کے ایک حبشی خاندان میں پیدا ہوئے۔ پیدائشی طور پر ان کی آنکھوں کے ڈھیلے باہر نکلے ہوئے تھے۔ اسی نسبت سے جاحظ مشہور ہوئے۔ ان کا گھرانہ معمولی تھا۔ نہ یہاں علم وفن کے دریا بہتے تھے اور نہ ہی روپے پیسے کی ریل پیل تھی اور ان کی شکل بھی مکروہ تھی۔ مگر قدرت نے انھیں بے پناہ صلاحیتوں سے نوازا تھا۔ انھیں مطالعہ کا بے حد شوق تھا۔ علم حکمت سیکھنے کا بے حد تجسس تھا اور سیاحت کے بے انتہار سیا تھے۔ یونانی کتابوں سے انھوں نے بے انتہا استفادہ

کیا۔ خاص طور سے ارسطو سے وہ بہت متاثر تھے۔ اس کے علاوہ اصمعی، ابو عبیدہ اور ابو زید جیسے باکمال اساتذہ سے بھی انھوں نے استفادہ کیا۔ اور ابو اسحاق نظام مغربی سے علم کلام کی سند حاصل کی۔ اس کے بعد یہ بصرہ سے بغداد چلے گئے۔ اس وقت بغداد علم و فن میں اپنے عروج پر تھا۔ یہاں کی علمی فضا انھیں بہت راس آئی۔ بس یوں سمجھیے کہ جو بیج بصرہ میں بویا تھا اس کی آبیاری بغداد میں ہوئی۔ فکری اعتبار سے جاحظ کا تعلق معتزلہ سے تھا۔ انھیں نابغہ عرب اور عراق کا والٹئیر (Voltair) کہا جاتا ہے۔ انھوں نے الٰہیات میں ایک نیا علم کلام ایجاد کیا۔ اس کی تائید کرنے والے جاحظیہ کہلاتے ہیں۔ عربی تذکروں میں ابو عثمان جاحظ کی تقریباً دو سو تصانیف کا ذکر ملتا ہے۔ جن میں بیشتر دستبرد زمانہ کی نذر ہو گئی ہیں۔ اب بمشکل چند کتابوں کا ذکر ملتا ہے۔ جیسے کتاب الحیوان، کتاب البیان والتبئین، کتاب الزرع والنخل، کتاب الجواری والغلمان، کتاب البُلدان وغیرہ۔ اپنے پیچھے ڈھیروں علمی خزانہ چھوڑ کر ابو عثمان جاحظ ۹۰ سال کی عمر میں انتقال کر گئے۔

فیضی

فیضی شیخ ابو الفیض مبارک شیخ کے بیٹے اور ابو الفضل کے بڑے بھائی تھے۔ دربار اکبری سے وابستہ رہے۔ تاریخ، فلسفہ اور طب و ادبیات کے ماہر تھے۔ ان کی ولادت آگرہ میں ۱۵۴۷ء میں ہوئی۔ اکبر نے انہیں " ملکہ الشعراء" کا خطاب عطا کیا اور انہیں شہزادہ مراد کا اتالیق مقرر کیا۔ ان کی مشہور تصنیفات، مرکز ادوار، سلیمان و بلقیس، اکبر نامہ، بیجا گڑنت، لیلاوتی اور مہابھارت کا ترجمہ (مہابھارت کے ایک حصہ کا ترجمہ سنسکرت میں کیا)۔ دیوان طباشیر الصبح، سواطع الالہام (بے نقط تفسیر) ہیں۔ ان کی وفات آگرہ میں ۱۵۹۵ء میں ہوئی۔

عطاّر

خواجہ فرید الدّین عطاّر نام محمد اور فرید الدّین لقب تھا۔ ان کے والد کا نام ابراہیم بن اسحاق تھا۔ ان کی پیدائش سیستان میں ۵۱۳ھ میں ہوئی۔ ان کا پیشہ عطاری کا تھا۔ اور یہی پیشہ خواجہ صاحب نے بھی اپنایا۔ نیشاپور کے گاؤں "کدگن' کے رہنے والے تھے۔ خواجہ فرید الدّین عطاّر نہ صرف شاعر تھے بلکہ ماہر طبیب بھی تھے۔ خواجہ صاحب نے تصوف اور فقیری طرز اپنانے کے بعد بھی نہ صرف عطاری کا پیشہ جاری رکھا بلکہ تصنیف و تالیف سے بھی غافل نہیں رہے۔

خواجہ صاحب کے والد قطب الدّین حیدر کے مُرید تھے انہوں نے ان سے کافی استفادہ کیا۔ صوفیانہ شاعری کے چار ارکان ہیں۔ سنائی، اوحدی، مولانا روم، اور خواجہ فرید الدّین عطّار۔ لیکن خود مولانا روم باوجود ہم رتبگی کے فرماتے ہیں۔

ماازپس سنائی و عطاّر آمدیم

ہفت شہر عشق را عطاّر گشت ماہماں اندر خم یک کوچہ ایم

خواجہ صاحب نے تصوف کے جو خیالات ادا کیے ہیں وہ حکیم سنائی سے زیادہ دقیق نہیں لیکن زبان اس قدر صاف ہے کہ اس وصف کا گویا ان پر خاتمہ ہو گیا۔ ہر قسم کے خیالات اس بے تکلفی روانی اور سادگی سے ادا کرتے ہیں کہ نثر میں بھی اس سے زیادہ اوصاف ادا نہیں ہوسکتے۔ اس کے ساتھ قوت تخیل بھی اعلیٰ درجے کی ہے۔

؎ معلوم شد کہ ہیچ معلوم نشد

ان کا انتقال ۶۲۷ھ میں ہوا۔ ہوا یوں کہ جس زمانہ میں چنگیز خان دنیا کے مرقع کو زیر و زبر کر رہا تھا۔ اس وقت خواجہ صاحب نیشاپور میں تھے۔ نیشاپور کی غارتگری میں ایک مغل نے انہیں پکڑ کر قتل کرنا چاہا، برابر سے ایک مغل بولا ہزار روپے پر میرے ہاتھوں بیچ ڈالو خواجہ صاحب نے مغل سے کہا ہرگز نہ بیچنا میری قیمت اس سے کہیں زیادہ

ہے اسی دوران ایک اور مغل آنکلا اس نے کہا اس غلام کو میرے ہاتھوں ایک توبڑہ گھانس کے معاوضہ میں فروخت کر دو خواجہ صاحب نے گرفتار کرنے والے سے کہا ضرور بیچ ڈالو میری قیمت اس سے کہیں کم ہے۔ خواجہ صاحب کی اس اختلاف بیانی کو وہ تمسخر سمجھا اور ان کو قتل کر ڈالا وہ اس نکتہ کو کیا سمجھتا کہ انسان سے بڑھ کر کوئی چیز نہ گراں ہے اور نہ ارزاں اس مغل نے خواجہ صاحب کو قتل تو کر دیا مگر جب اسے ان کی عظمت کا حال معلوم ہوا تو توبہ کر کے ان کے مزار کا مجاور بن گیا اور آخری دم تک وہیں رہا۔

مشہور تصانیف : اسرار نامہ، الہیٰ نامہ، مصیبت نامہ، جوہر الذات، وصیت نامہ، منطق الطیر، بلبل نامہ، حیدر نامہ، گل و ہرمز، سیاہ نامہ شتر نامہ، مختار نامہ، تذکرۃ الاولیا۔ اس کے علاوہ رباعیوں اور غزلوں کا دیوان بھی ہے جسمیں ایک لاکھ سے زیادہ اشعار ہیں۔

نصیر الدّین طوسی

نصیر الدّین طوسی منطق، فلسفہ اور علم نجوم کے ماہر تھے۔ ان کی ولادت ۱۲۰۱ء میں طوس میں ہوئی۔ جب ہلاکو نے بغداد کو تاراج کیا تو اس کے ساتھ تھے۔

سقوط بغداد کے بعد ہلاکو نے انہیں وزیر اوقاف بنا دیا اور مراغہ میں ایک رصد گاہ قائم کرنے کا حکم دیا۔ اس کے بعد اباقہ خان نے بھی ان کا عہدہ بدستور قائم رہا۔ یہ فلسفہ اور منطق میں ابنِ سینا کے متبّع تھے۔

انہوں نے طبیعات، ریاضی، ہیئت اور طب کے مضامین پر بہت کچھ لکھا ہے۔ انہوں نے اوصاف الاشراف، کتاب الرمل کے علاوہ ابنِ سینا کی "اشارات" کی شرح بھی لکھی ہے۔ مگر ان کی سب سے مشہور کتاب "اخلاق ناصری" ہے۔ جو برسوں مدارس میں پڑھائی جاتی رہی ہے۔ ان کا انتقال ۱۲۷۴ء میں بغداد میں ہوا۔ طوسی کی سیاسی زندگی

مسلمانوں کے لیے درس عبرت ہے۔

تفتازانی

التفتازانی سعد الدین مسعود بن عمر منطق، خطابت، مابعد الطبیعات، فقہ دینیات وغیرہ کے مشہور عالم تھے۔ انھوں نے عضد الدین اور قطب الرازی سے تحصیل علم کی اور صرف سولہ سال کی عمر میں پہلی تصنیف کی۔ جس کا نام "شرح التصریف الغریٰ" ہے۔ تیمور کی طلبی پر سمرقند گئے۔ جہاں ان کی بڑی عزت کی گئی۔ ان کی اکثر تصانیف مدارس عربیہ کے نصاب میں شامل ہیں۔ ۷۲۴ھ میں تفتازان کی زمین روشن ہونے والا چراغ ۷۹۱ھ میں سمرقند میں ہمیشہ ہمیشہ کے لیے بجھ گیا۔ ان کی مشہور تصانیف میں الارشاد والہادی، المطول، مختصر المعانی، شرح الشمسیہ، تہذیب المنطق والکلام، المقاصد التلویح، المفتاح، اختصار شرح تلخیص الجامع الکبیر، کشف الاسرار، شرح الکشاف، النعم السوابغ فی شرح کلام النوابغ شامل ہیں۔

الانباری

الانباری عبد الرحمن بن محمد عرب کے مشہور ماہر لسانیات تھے۔ ان کی مشہور تصانیف نزہت الالباء فی طبقات الادباء، اسرار العربیہ، المیزان، الظہور، کتاب الوقف والابتداء۔ ان کی ولادت ۱۱۱۹ء میں ہوئی، بغداد کے مدرسہ نظامیہ جوالقی اور الشجری سے تعلیم حاصل کی اور پھر وہیں استاد مقرر ہوئے۔ ان کا انتقال ۱۱۸۱ء میں ہوا۔

محمد حسن تبریزی

محمد حسن تبریزی ایران کے مشہور خطاط تھے۔ فن مہارت کی وجہ سے لوگ انھیں مہین استاد کہتے تھے۔ ان کا زمانہ دسویں صدی ہجری کا ہے۔ یہ سید احمد مشہدی کے شاگرد اور میر عماد کے استاد تھے۔ ان کی مشہور تصنیف، دیوان امیر شاہی ہے۔ (آج بھی کیمبرج

یونیورسٹی میں موجود ہے۔)

ابن ابی الدنیا

ابن ابی الدنیا ابو بکر کی ولادت ۸۲۳ء میں ہوئی۔ عباسی خلیفہ المقتدی کے اتالیق اور ادبیات کے ماہر تھے۔ ان کی مشہور تصانیف مکارم الاخلاق، کتاب العقل وفضلہ، ذم الدنیا، کتاب العظمۃ، من عائش بعد الموت ہیں۔ ان کا انتقال ۸۹۴ء میں ہوا۔

ابن خالویہ

ابن خالویہ ابو عبید اللہ مشہور نحوی وتذکرہ نویس تھے۔ حصول علم کے لیے ہمدان سے بغداد آئے اور یہاں کے مشہور اساتذہ سے نحو و ادب کی تعلیم حاصل کی۔ ان کی مشہور تصنیف کتاب اللیس شرح مقصورات ابن درید ہے۔ ان کا انتقال ۹۸۰ء میں ہوا۔

مرزا عبد القادر بیدل

مرزا عبد القادر بیدل اپنے عہد کے مشہور شاعر اور اسی درجہ کے صاحب باطن بھی تھے۔ ترکوں میں ایک قبیلہ برلاس کے نام سے مشہور ہے بیدل کا تعلق اسی قبیلہ سے تھا۔ ان کے والد کا نام مرزا عبد الخالق تھا۔ ان کی ولادت ۱۰۵۴ھ میں پٹنہ میں ہوئی۔

مرزا کم عمری میں ہی موزوں طبع اور بے حد ذہین تھے۔ تعلیم مکمل کرنے کے بعد شاعری میں طبع آزمائی شروع کی اور رمزی تخلص اختیار کیا۔ لیکن ایک دن گلستاں کا مطالعہ کر رہے تھے کہ اس مصرعہ پر نظر ٹھہر گئی،

بیدل از بے نشاں چہ گوید باز

بس اسی وقت سے اپنا تخلص بدل کر بیدل کر لیا۔ بیدل کو فارسی زبان اور اس کی اصطلاحات پر بڑا عبور حاصل تھا دقت پسندی اور بلند پروازی ان کی خصوصیت تھی۔

انھوں نے نظم و نثر کا انداز ہی بدل دیا۔ انھوں نے وہ جدید اسلوب اختیار کیا جو اس سے پہلے فارسی میں رائج نہیں تھا۔

شاہجہاں کے بیٹے شجاع سے قریبی تعلقات تھے۔ مگر کچھ سالوں بعد ترک تعلق کر کے دوآبہ (الہ آباد) چلے گئے۔ پھر یہاں سے اکبر آباد (آگرہ) اور متھرا کی سیاحت کرتے ہوئے شاہجہاں آباد (دہلی) آئے اور یہیں گوشہ نشینی اختیار کی۔ ان کا انتقال ۷۹ برس کی عمر میں تپ محرقہ کی وجہ سے ۱۱۳۳ھ میں ہوا۔ ان کو انھیں کے مکان میں دفن کیا گیا۔ ان کی مشہور تصنیفات یہ ہیں۔ کلیات نظم و نثر، نسخہ عرفاں، ساقی نامہ، طیور معرفت، تنبیہہ المہوسین، صنائع وبدائع، چہار عناصر۔

عرفی

عرفی ایرانی النسل تھے۔ شیراز میں پیدا ہوئے۔ گمان غالب ہے کہ یہ جہانگیری دور میں ہندوستان آئے۔ انہیں شہزادہ سلیم سے حد درجہ انسیت تھی۔ ان کی اکثر شاعری میں سلیم سے ہی تخاطب ہے۔

چوں دست نمید ہد وصالت دست من ودامن خیالت

انھوں نے نعت، حمد اور قصائد لکھے ہیں۔ شہزادہ سلیم کے علاوہ اکبر خانخاناں اور حکیم ابوالفتح کی مدح میں بھی انھوں نے کافی قصائد لکھے ہیں۔

چہرہ پرداز جہاں رخت کشد چوں بہ حمل شب شود نیمرخ وروز شود مستقبل

عرفی نے ایک قطعہ شیخ سعدی کے اس قطعہ کے جواب میں لکھا ہے جس میں انھوں نے ظاہر کیا ہے کہ وہ شاعر کیا عشق و محبت کا دم بھر سکتا ہے جو قصیدہ میں صرف چند شعر عشقیہ لکھ کر مدح شروع کرے۔ عرفی اس کے جواب میں لکھتے ہیں کہ۔۔

دی کسے گفت کہ سعدی گہرافروز سخن

قطعہ گفت کہ اندیشہ بر اں می نازد
سخن عشق حرام ست بر اں بیہدہ گوئے
کہ چودہ بیت غزل گفت مدیح آغازد
گفتم ایں خود ہمہ عیب است کہ در راہ تمیز
ہر کہ ایں لاف زند رخش دوئی می تازد
لوحش اللہ زیک اندیشی عرفی کورا
آنکہ ممدوح بود عشق بہ اومی بازد۔

امیر خسرو (طوطیِ ہند)

امیر خسرو ابوالحسن بن امیر سیف الدین محمود شمسی ہندوستان کے بڑے باکمال شاعر تھے۔ امیر خسرو ۱۲۵۳ء میں اتر پردیش کے پٹیالی گاؤں (ضلع ایٹہ) میں پیدا ہوئے۔ ان کے والد امیر سیف الدین ترکی کے لاجین قبیلے سے تعلق رکھتے تھے۔ بارھویں صدی عیسوی میں وہ اس وقت ہندوستان آئے جب دہلی کے تخت پر التمش جلوہ افروز تھا۔ یہاں انھیں فوج کے ایک اہم عہدے پر فائز کر دیا گیا۔ ان کی والدہ غیاث الدین بلبن کے وزیر دفاع عماد الملک کی بیٹی تھی۔ لہٰذا امیر خسرو کو شروع ہی سے بادشاہوں اور امراء کی صحبت نصیب ہوئی۔

امیر خسرو کو بچپن ہی سے شعر و شاعری کا شوق تھا۔ وہ انوری سنائی اور خاقانی پڑھ کر انہیں کی طرز پر شعر کہنے کی کوشش کرتے تھے۔ صرف ۹ برس کی عمر ہی میں ان کے والد کا انتقال ہو گیا۔ اس کے بعد وہ اپنے نانا کے پاس دہلی چلے گئے۔ بقیہ تربیت ان کی یہیں ہوئی اور کم عمری میں ہی انھوں نے موسیقی اور شاعری میں مہارت حاصل کر لی اور ایک دیوان بھی مرتب کیا۔ انھوں نے ہندوستان کے مسلسل سات فرمانرواؤں کا زمانہ

دیکھا۔ غیاث الدین بلبن، معزالدین کیقباد، جلال الدین فیروز شاہ، سلطان محمد شاہ علاؤالدین، سلطان مبارک شاہ قطب الدین، سلطان تغلق شاہ غیاث الدین اور سلطان محمد ثانی تغلق۔

امیر خسرو ہر رات جلال الدین خلجی کی محفل میں بیٹھ کر ایک نئ غزل پیش کرتے۔ ان محفلوں میں جب ساقی جام بھر دیتا اور حسینائیں رقص کرنے لگتیں تو امیر خسروی غزلیں آواز کی لہروں میں تیرنے لگتیں۔ ان محفلوں میں جن کا اس روئے زمین پر تصور بھی نہیں کیا جاسکتا بے جان چیزوں میں جان پڑ جاتی اور غمزدہ دل کھل اٹھتے۔

مگر امیر خسرو کی زندگی کا اصل محور اور مرکز دربار نہیں بلکہ خانقاہ تھی اور خانقاہ بھی چشتیہ سلسلے کے عظیم بزرگ حضرت خواجہ نظام الدین اولیاء کی۔ یہ ان کے پیر و مرشد تھے۔ غزل، قوالی، کجری کے بانی امیر خسرو ہی تھے۔ اس کے علاوہ مختلف راگ بھی انہی کی فنکارانہ صلاحیتوں کی دین ہیں۔

بلاشبہ امیر خسرو وہ پہلے عظیم شاعر تھے جنہوں نے ہندوستانی موسیقی نیز اپنے ہندی اور فارسی کلام میں ہندوستان کی گنگا جمنی تہذیب اور معاشرے کے رنگ بھرے۔ وہ حب الوطنی اور قومی یکجہتی کی جیتی جاگتی تصویر تھے۔ عہد وسطیٰ کا یہ عظیم شاعر جامع صفات کا مالک تھا۔ شاعر، ادیب، موسیقار، تاریخ داں، کئی سازوں کا موجد، سپاہی، درباری، صوفی اور سب سے بڑھ کر ایک عظیم الشان انسان تھا۔ اپنے پیر و مرشد کے وصال پر انھوں نے کہا۔۔۔

"گوری سووے سیج پر مکھ پر ڈالے کیس چل خسرو گھر آپنے رین بھئے جیوں دیس

اپنے پیر و مرشد کے انتقال کے ۶ مہینے بعد ۱۳۲۵ء میں یہ بھی اس دار فانی سے کوچ کر گئے۔ ان کی مشہور تصانیف میں دیوان تحفۃ الصغر، مفتاح الفتوح، غرۃ الکمال

نہایت الکمال، وسط الحیات، اعجاز خسروی، شیریں و خسرو، مجنوں و لیلیٰ (مثنویات)، مطلع الانوار اور قران السعدین ہیں۔

سر سید احمد خان

سر سید احمد خان ابن میر تقی حسینی سید تھے۔ انھوں نے ابتدائی تعلیم عربی، فارسی کی مختلف اساتذہ سے حاصل کی۔ اس کے علاوہ انھوں نے صہبا، غالب اور آرزو سے بھی استفادہ کیا۔ والد کے انتقال کے بعد نوکری کی فکر ہوئی اور مین پوری کے منصف مقرر ہوئے۔ پھر یہاں سے فتح پور سیکری تبدیل ہو گئے۔ اسی زمانے میں تقریباً ۱۸۴۳ء میں ان کی تصنیفی زندگی شروع ہوتی ہے۔ یہاں انھوں نے جلاء القلوب، تحفہ حسن لکھی۔

تسہیل فی جر الثقیل کا اردو میں ترجمہ کیا۔ ۱۸۴۶ء میں جب دلی تبادلہ ہوا تو اپنی نہایت مشہور تصنیف "آثار الصنادید" لکھی جو دہلی کی قدیم عمارتوں کا تاریخی و فنی مطالعہ ہے۔ اس کے علاوہ تاریخ بجنور، اسباب بغاوت ہند لکھی اور تاریخ فیروز شاہی کی تصحیح کی۔ ۱۸۶۲ء میں غازی پور تبادلہ ہوا تو یہاں ایک سائنٹفک سوسائٹی قائم کی اور ایک انگریزی مدرسہ جاری کیا۔ جب علی گڑھ تبادلہ ہوا تو سوسائٹی کو بڑی ترقی دی اور ایک اخبار نکالا جو بعد میں علی گڑھ انسٹی ٹیوٹ گزٹ کے نام سے نکلتا تھا۔ اسی زمانے میں انھوں نے برٹش انڈیا نامی سوسائٹی قائم کی۔

سر سید احمد خان مغرب کے اصول تعلیم کا مطالعہ کرنے کے لیے انگلینڈ گئے۔ یہاں ان کی خوب پذیرائی ہوئی اور آپ کو سی ایس آئی کا خطاب ملا۔ ولایت سے لوٹنے کے بعد آپ نے ایک رسالہ تہذیب الاخلاق جاری کیا۔ ۱۸۷۵ء میں ایک مدرسۃ العلوم علی گڑھ میں قائم کیا۔ دو سال بعد اس کو کالج بنا دیا اور آج وہ علی گڑھ مسلم کالج کے نام سے مشہور ہے اور رسالہ تہذیب الاخلاق ہنوز جاری ہے۔

سر سید کا شمار مصلحین قوم میں سے ہے اور اس میں ذرہ برابر شک نہیں کہ مسلمانوں میں انگریزی تعلیم کا رواج اور مغربی علوم و فنون کی طرف دلچسپی سر سید احمد خان کی کوششوں کا نتیجہ تھیں۔ قوم کا یہ عظیم مصلح اور خادم ۱۸۹۸ء میں ۸۱ سال کی عمر میں انتقال کر گیا۔

ابن الوردی

ابن الوردی زین الدین مشہور ادیب، شاعر اور ماہر لسانیات تھے۔ ان کی مشہور تصانیف الشہاب الثاقب، لامیات، تحریر الخصامہ، تحفۃ الورید فی مشکلات الاعراب ہیں۔ ان کی ولادت معرۃ النعمان میں ۱۲۳۹ء میں ہوئی تحصیل علوم دمشق اور حلب میں ہوئی۔ کچھ دن حلب کے قاضی رہے۔ ان کی وفات حلب میں ۱۲۹۹ء میں ہوئی۔

الطنطاوی

الطنطاوی محمد بن سعید بن سلیمان الشافعی مشہور عربی عالم تھے۔ انھیں عربی ادبیات کے علاوہ شاعری سے خاص شغف تھا۔ ان کی ولادت طنطا میں ۱۸۱۰ء میں ہوئی۔ ابتدائی تعلیم یہیں ہوئی۔ بقیہ تعلیم کے لیے اپنے چچا کے پاس قاہرہ چلے گئے اور جامعہ ازہر میں داخل ہوئے۔ بعد تکمیل یہیں پروفیسر ہو گئے۔ ۱۸۴۰ء میں عربی کے پروفیسر ہو کر سینٹ پیٹرزبرگ چلے گئے اور یہیں ۱۸۶۱ء میں ان کا انتقال ہو گیا۔ ان کی مشہور تصانیف لذیذ الطرب فی نظم بحور العرب، تحفۃ الاذکیا بہ اخبار بلاد روسیہ ہیں۔

غلام علی آزاد بلگرامی

غلام علی آزاد بلگرامی مشہور تذکرہ نویس، عربی و فارسی کے ادیب و شاعر تھے۔ انھیں "حسان الہند" بھی کہا جاتا ہے۔ ۱۷۰۴ء میں بلگرام (ضلع ہردوئی) میں پیدا ہوئے۔ مختلف علوم میں درجہ استناد حاصل کیا۔ ہندوستان کے تقریباً تمام مقامات کی

سیاحت کی۔ ۱۷۵۱ء میں حج کے لیے گئے۔ واپسی میں اورنگ آباد میں مقیم ہوئے اور یہیں ۱۷۸۶ء میں انتقال ہو گیا۔

ان کی مشہور تصنیفات مآثر الکرام فی تاریخ بلگرام، روضۃ الاولیاء، تذکرہ سرو آزاد، تذکرہ ید بیضا، خزانۂ عامرہ اور سبحۃ المرجان فی آثار ہندوستان ہیں۔

لطف علی بیگ آوز

لطف علی بیگ آوز ایران کے مشہور تذکرہ نگار تھے۔ ان کی ولادت ۱۱۲۳ء میں اصفہان میں ہوئی۔ ایام شباب قُم میں بسر کیے پھر شیراز چلے گئے پھر کچھ دنوں بعد اصفہان واپس آکر نادر شاہ سے وابستہ ہوئے۔ ان کی مشہور تصنیف، آتشکدہ (فارسی شعراء کے بارے میں) ہے۔ ان کا انتقال ۱۱۹۶ء میں ہوا۔

ہادی سبز واری

ہادی سبز واری (حاجی ملا) ابن حاجی مہدی فارسی کے فیلسوف شاعر تھے۔ ان کی ولادت ۱۷۹۹ء میں ہوئی۔ یہ حاجی ملا حسین کے شاگرد تھے۔ ۱۲ سال کی عمر میں سب سے پہلے ایک رسالہ تصنیف کیا۔ اس کے بعد اپنے استاد کے ساتھ مشہد گئے اور ۵ سال تک راہبانہ زندگی بسر کی۔ اس کے بعد ۷ سال تک ملا حسین نوری سے اصفہان میں تعلیم حاصل کی اور پھر سبز وار واپس آکر درس و تدریس کا سلسلہ شروع کیا۔ ان کا انتقال ۱۸۷۵ء میں ہوا۔ مشہد میں ان کا مقبرہ ہے۔ اسرار الحکم ان کی نہایت ہی مشہور تصنیف ہے۔ جس میں انھوں نے اپنے فلسفیانہ خیالات ظاہر کیے ہیں۔

الطاف حسین حالیؔ

شمس العلماء خواجہ الطاف حسین حالی اردو ادب کی نہایت اہم اور بلند پایہ شخصیت ہیں۔ وہ علی گڑھ تحریک کا اہم ستون اور جدید شاعری کے معماروں میں سے ہیں۔ حالیؔ

پانی پت کے ایک معزز خاندان میں ۱۸۳۷ء میں پیدا ہوئے۔ بچپن ہی میں والد کے سائے سے محروم ہو گئے۔ بڑے بھائی نے ان کی پرورش کی۔ ابتدائی تعلیم وہیں حاصل کی اور مزید تعلیم کے لیے دہلی چلے گئے جہاں انھوں نے نحو، منطق اور عروض کی تعلیم حاصل کی۔ دہلی ہی میں ان کی ملاقات غالبؔ، شیفتہ جیسے اساتذہ سے ہوئی۔ ان دونوں سے انھوں نے استفادہ کیا۔ غالبؔ سے انھوں نے اصلاح سخن لی اور شیفتہ کے علم اور تنقیدی مزاج سے استفادہ کیا۔

کچھ دنوں پنجاب بک ڈپو میں بھی ملازمت کی جہاں ان کے ذمہ انگریزی سے ترجمہ کی گئی کتابوں کی اصلاح کا کام تھا۔ اسی زمانہ میں محمد حسین آزاد نے غزل کے علاوہ نظم کو بطور صنف سخن کے روشناس کروایا تھا اور مشاعروں میں نظموں کے پڑھنے کی ابتدا کی۔

حالیؔ بھی اس ادبی تحریک میں شامل ہو گئے۔ ان مشاعروں میں پڑھی جانے والی ان کی نظمیں برکھا رُت، نشاط امید، مناظرہ رحم و انصاف اور حب وطن بے حد مقبول ہوئیں۔ لاہور کو چھوڑ کر انھوں نے دوبارہ دہلی کا رخ کیا اور دہلی کالج میں ملازمت کر لی۔ اس زمانے میں ان کی ملاقات سر سید احمد خان سے ہوئی اور وہ سر سید کی اصلاحی تحریک میں شامل ہو گئے۔ ۱۸۷۹ء میں سر سید کی ہی تحریک پر انہوں نے اپنی شہرہ آفاق نظم "مد و جزر اسلام" لکھی۔ جو "مسدس حالیؔ" کے نام سے مشہور ہوئی۔ اس کا موضوع مسلمانوں کا عروج و زوال ہے۔ اردو کی شاہکار نظموں میں جو مقبولیت اسے حاصل ہوئی وہ شاید ہی کسی اور کو حاصل ہوئی ہو۔ ایک زمانہ میں یہ نظم بہت سے مدرسوں اور کالجوں کے نصاب میں داخل ہونے کے علاوہ گھر گھر پڑھی جاتی تھی۔ ملی نفسیات پر اس نے جتنا گہر اثر ڈالا اس سے انکار نہیں کیا جا سکتا۔ سر سید جیسی شخصیت اسے اپنے لیے توشہ آخرت سمجھتی تھی۔ مسدس حالیؔ کے علاوہ مناجات بیوہ، چپ کی داد بھی ان کی بہترین تخلیقات

ہیں۔

علامہ اقبالؒ

مفکر ملت، شاعر مشرق علامہ محمد اقبالؒ ایک بلند پایہ مفکر اور شاعر تھے۔ ان کے آبا واجداد کشمیر الاصل برہمن تھے۔ مگر ہجرت کر کے سیالکوٹ میں آباد ہو گئے۔ اور یہیں علامہ اقبال کی ۱۸۷۳ء میں پیدائش ہوئی۔ ان کے والد شیخ نور محمد نہایت ہی متقی اور پرہیز گار تھے۔ ان کے بڑے بھائی عطاء محمد انجینیئر تھے۔

مولوی میر حسن سے عربی اور فارسی تعلیم حاصل کی۔ ابتدائی تعلیم کے بعد سیالکوٹ میں ہی کالج میں داخل ہوئے۔ اس کے بعد اعلیٰ تعلیم کے لیے لاہور گئے جہاں انھوں نے گورنمنٹ کالج میں داخلہ لیا۔ یہیں انھوں نے پروفیسر آرنلڈ سے استفادہ کیا۔ ان دنوں لاہور میں مشاعرے کثرت سے ہوا کرتے تھے۔ علامہ اقبالؒ بھی ان میں شریک ہوا کرتے تھے۔ ایک دفعہ ایک مشاعرے میں انھوں نے ایک غزل پڑھی۔

اور جب اس شعر پر پہنچے کہ۔۔۔

موتی سمجھ کے شانِ کریمی نے چن لیے
قطرے جو تھے میرے عرقِ انفعال کے

مشاعرے میں موجود مرزا ارشد گورگانی جو ان دنوں چوٹی کے شاعر سمجھے جاتے تھے عش عش کر اٹھے۔ اس وقت علامہ اقبال کی عمر ۲۳ سال تھی۔ یہاں سے ان کی شاعرانہ صلاحیت کی خوشبو پھیلنے لگی۔ پروفیسر آرنلڈ جب ملازمت سے سبکدوش ہو کر ولایت گئے تو علامہ اقبال بھی وہیں چلے گئے جہاں انھوں نے کیمبرج یونیورسٹی میں داخلہ لے کر فلسفہ کی تعلیم حاصل کی۔ فلسفہ کا امتحان پاس کرنے کے بعد آپ نے ایرانی فلسفہ کے متعلق ایک کتاب لکھی جس پر جرمنی کے میونک یونیورسٹی نے آپ کو پی ایچ ڈی کی

ڈگری تفویض کی۔ جرمنی سے واپس آکر آپ نے لندن میں بیرسٹری کا امتحان پاس کیا اور پھر کچھ دنوں یہیں پروفیسر آرنلڈ کی جگہ عربی کی تعلیم دی۔ یورپ میں رہ کر انھوں نے وہاں کے ماحول اور تہذیب کا گہرا مطالعہ کیا۔ مگر اسے انھوں نے کھوکھلا اور بودا پایا۔

علامہ اقبال ولایت سے ۱۹۰۸ء میں ہندوستان واپس آئے اور گورنمنٹ کالج لاہور میں پروفیسر مقرر ہوئے۔ ساتھ ہی ساتھ وکالت بھی کرتے تھے۔ علامہ اقبال کا میلان شروع سے شاعری کی طرف تھا۔ آپ کی شاعری کی ابتدا حب الوطنی کی نظموں سے ہوئی۔ ان کی نظم "ہمالیہ "۱۹۰۱ء میں شائع ہوئی تھی۔ انجمن حمایت اسلام کے جلسے میں آپ نے " نالۂ یتیم "نامی نظم پڑھی۔ اردو اور فارسی دونوں زبانوں میں آپ نے شاعری کی۔ انھوں نے داغؔ سے شرف تلمذ حاصل کیا۔ آپ کے مجموعہ کلام بانگ درا، بال جبریل، ضرب کلیم، اسرار خودی، رموز بے خودی، ارمغان حجاز، جاوید نامہ، پیام مشرق اور زبور عجم کے نام سے مشہور اور شائع ہیں۔ حکومت ہند نے جب آپ کو "سر" کا خطاب دیا تو انھوں نے اپنے استاد مولوی حسن کو "شمس العلمائ" کا خطاب دلوایا۔

آپ کا انتقال ۲۱اپریل ۱۹۳۸ء کو ۶۵ سال کی عمر میں ہوا۔ ان کے آخری اشعار یہ ہیں۔

سرودِ رفتہ باز آید کہ نآید نسیمے از حجاز آید کہ نآید

سر آمد روزگارِ ایں فقیرے وگر دانائے راز آید کہ نآید۔

(۳) باب سوم: مورخین، جغرافیہ داں اور سیاح

طبری

الطبری ابو جعفر محمد بن جریر ۸۳۹ء میں طبرستان میں پیدا ہوئے۔ ۷ سال کی عمر ہی میں قرآن حفظ کر لیا تھا۔ ابتدائی تعلیم گھر پر ہی ہوئی۔ اس کے بعد دیگر علوم کی تحصیل کے لیے آپ نے کوفہ، بغداد اور مصر کا سفر کیا اور تاریخ، ادب، تفسیر، نحو، شاعری، اخلاقیات، ریاضی، طب وغیرہ پر مکمل دسترس حاصل کی۔ اگرچہ طبری مورخ ومفسر کی حیثیت سے مشہور ہیں مگر ہر موضوع پر ان کی تصانیف ہیں۔

ان کی تصنیف "جامع البیان" جو کہ "تفسیر طبری" کے نام سے مشہور ہے، نہایت ہی جامع ہے۔ ان کی نہایت ہی مشہور تاریخی کتاب "تاریخ الرسل والملوک" ہے جو انبیاء قدیم سے لے کر عہد عباسیہ تک کے حالات پر مشتمل ہے۔ اس کتاب کے تراجم تمام مغربی زبانوں میں ہو چکے ہیں۔ ان کا انتقال ۹۲۳ء میں ہوا۔

ابن بطوطہ

(اسلامی دنیا کا مارکوپولو)

ابن بطوطہ محمد بن عبداللہ بن ابراہیم ابو عبداللہ اللواطی طنجی ۱۳۰۴ء میں طنجہ میں پیدا ہوئے۔ ابن بطوطہ کے خاندان کے زیادہ تر افراد "منصب قضاء" پر فائز تھے۔ ان کی تعلیم و تربیت بھی اسی انداز سے ہوئی۔ مگر عمر کی ۲۱ بہاریں دیکھنے کے بعد سر میں سفر کا سودا سمایا۔ ۱۳۲۵ء میں حج کا ارادہ کر کے نکلے۔ حج سے فراغت کے بعد وہیں کے مختلف

مقامات کی سیاحت کی جیسے عراق، مصر وشام وغیرہ۔ اس کے بعد وہاں سے نکل کر ایران، افغانستان ہوتے ہوئے ہندوستان پہنچے۔ یہاں کچھ وقت گزار کر واپسی کا قصد کیا۔ واپسی میں سیلون ہوتے ہوئے افریقہ کے بیشتر ممالک کی سیاحت کی اور ان کے حالات قلمبند کیے۔ آخر میں مراقش میں کافی وقت گزارا اور یہیں ۱۳۷۶ء میں ان کا انتقال ہو گیا۔

ابن بطوطہ کے سیاحتی اسفار ۲۹ سالوں پر محیط ہیں۔ سفر کی ابتدا انھوں نے تنِ تنہا ایک گدھے پر بیٹھ کر کی تھی۔ یہی سفر آگے چل کر مہم جوئی، حیرت انگیز حقائق اور جابجا دریافتوں کی بنا پر ایک تاریخ بن گیا۔

ابن بطوطہ اسلامی تہذیب کا ایک نمائندہ شاہکار ہے جسے پوری دنیا نے تسلیم کیا اور انھیں اپنے دور کا سب سے بڑا سیاح قرار دیا۔ ان کا پورا سفر ۲۹ سالوں میں تقریباً ۵۰۰۰ میل پر محیط ہے۔ ابن بطوطہ نے اپنے دور کے تقریباً ہر اسلامی ملک کا سفر کیا۔ مگر جو اعزاز انھیں ہندوستان میں ملا وہ کہیں نہیں ملا۔ انہیں دربار دہلی میں اہم مقام دیا گیا۔ بعد ازاں وہ بادشاہ کے سفیر بنا دیے گئے اور اس حیثیت سے وہ چین بھی گئے۔ ہندوستان میں انھوں نے تقریباً دس سال گزارے۔ وہ یہاں کے لوگوں سے بہت متاثر ہوئے۔ پھلوں میں گنا اور آم کی بے شمار اقسام نے انھیں متاثر کیا۔ اسی کا وہ اپنے سفر نامے میں ذکر کرتے ہیں۔ گنے کو وہ "میٹھی لکڑی" کے نام سے یاد کرتے ہیں۔

ابن بطوطہ جہاں جہاں گئے انھوں نے وہاں کے سیاسی، معاشی، معاشرتی نظام سے سیر حاصل بحث کی اور اپنے سفر نامے میں رقم کیا۔ جہاں ہندوستان کی فصلوں سے متاثر ہوئے وہیں وہ شام کی معاشرتی زندگی سے بہت متاثر ہوئے۔ وہ لکھتے ہیں کہ دمشق میں اندازے سے کہیں زیادہ دینی اوقاف ہیں جو حج کی سہولیات فراہم کرتے ہیں۔ کچھ اوقاف غریب بچیوں کی شادی کا انتظام کرتے ہیں۔ کچھ اوقاف قیدیوں کو آزاد کراتے

ہیں تو کچھ مسافروں کی ہر طرح کی مدد کرتے ہیں۔ یہاں تک کہ ان کے وطن واپس ہونے کا بھی انتظام کرتے ہیں۔

ابن بطوطہ ۲۹ سالہ سفری صعوبتوں اور میلوں لمبی مسافت طے کرنے کے بعد ۱۳۵۳ء میں واپسی کا ارادہ لیے مراکش روانہ ہوئے۔ یہاں سلطان " ابن عنان " نے انہیں جگہ دی اور یہیں انھوں نے اپنے سفری مشاہدات ابن جوزی کو سنائے جنہوں نے انھیں رقم کر کے ایک کتابی شکل دی۔ جس کا نام ہے " تحفتہ النظار فی غرائب الامصار و عجائب الاسفار " جس کا دنیا کی بیشتر زبانوں میں ترجمہ کیا گیا ہے۔

قفطی

القفطی علی بن یوسف بن ابراہیم بن عبد الواحد ۱۱۷۲ء میں قفط میں پیدا ہوئے۔ یہ مشہور مورخ اور ادیب تھے۔ ان کے خاندان کے زیادہ تر افراد ایوبیوں کے زمانے میں عہدۂ قضا پر فائز تھے۔ یہ خود بھی اسی عہدے پر فائز رہے۔ مگر علمی مزاج ہونے کی وجہ سے اس عہدہ سے دستبردار ہو کر حلب چلے گئے جہاں عہدۂ میر انشاء پر فائز کیے گئے۔ انہوں نے تاریخ پر متعدد کتابیں لکھیں جو ضائع ہو چکی ہیں۔ مگر ان کی نہایت مشہور کتاب "اخبار العلماء باخبار الحکماء" اب بھی موجود ہے۔ اس کتاب کے مطالعے سے معلوم ہوتا ہے کہ عرب علماء نے یونانی کتابوں سے کتنا استفادہ کیا۔

الطلیطلی

ان کا پورا نام الطلیطلی ابو القاسم سعید بن احمد الاندلسی ہے۔ یہ ۱۰۲۹ء میں پیدا ہوئے۔ ابتدائی تعلیم قرطبہ میں اور تکمیل طلیطلہ میں ہوئی۔ عمر کے آخر زمانے تک طلیطلہ (Tolido) ہی میں عہدہ قضاء پر مامور رہے۔ الطلیطلی ریاضی، تاریخ، ہیئت اور فقہہ کے علوم میں مکمل دسترس رکھتے تھے۔ ان کا انتقال ۱۰۷۰ء میں ہوا۔ ان کی مشہور کتاب

"طبقات الامم" ہے۔ جو مختلف اقوام کی تاریخ پر نہایت ہی جامع ہے۔

ابن خطیب (ذوالوزارتین)

ابن خطیب، تاریخ، جغرافیہ، ادبیات، فلسفہ، تصوف اور طب میں مہارت رکھتے تھے۔ انھیں وزارت القلم اور وزارت السیف دونوں پر دسترس تھی۔ اسی لیے انھیں ذوالوزارتین کہا جاتا تھا۔ ان کی ولادت "لُوشا" میں ۱۳۱۳ء میں ہوئی۔ جوانی کا اکثر حصہ غرناطہ میں مختلف علوم وفنون کی تکمیل میں گزارا۔ اپنے والد کے انتقال کے بعد ابوالحسن کے سیکریٹری مقرر ہوئے۔ کچھ سالوں کے بعد مراقش کی طرف جلاوطن کر دیے گئے۔ چند سالوں بعد دوبارہ غرناطہ واپس آئے لیکن یہاں ان کی بقیہ زندگی سیاسی جھگڑوں میں گزری اور کچھ ہی دنوں بعد ۱۳۷۴ء میں ان کا گلا گھونٹ کر ہلاک کر دیا گیا۔ انھوں نے تقریباً ساٹھ کتابیں تصنیف کیں۔ جن میں سب سے مشہور "الحاطہ فی تاریخ غرناطہ" ہے۔ دیگر تصانیف میں الحلال المرقومہ، رقم الحلول فی نظم الدول، ریحان الکتاب اور معیار الاختیار فی ذکر المعاہد والدیار ہیں۔

رشید الدین طبیب

رشید الدین طبیب ایران کے مشہور مورخ اور طبیب تھے۔ ان کی ولادت ہمدان میں ۱۲۴۷ء میں ہوئی۔ ان کا پورا نام رشید الدین طبیب فضل اللہ رشید الدین بن عماد الدین ابوالخیر تھا۔ مغل فرمانروا اباغا خان اور غازا خان کے دربار سے منسلک رہے اور علمی خدمات کے ساتھ ساتھ بے پناہ دولت کمائی۔ چنانچہ جب نیا پایہ تخت سلطانیہ تعمیر ہونے لگا تو اس کا ایک حصہ خود انھوں نے اپنے ذاتی خرچ سے بنوایا تھا۔ جسے "رُبع الرشید" کہا جاتا تھا۔ اس کے علاوہ بے شمار مکانات، مدرسے اور اسپتال بھی بنوائے۔ مگر سیاسی وجوہات کی بنا پر انھیں ۱۳۱۸ء میں قتل کر دیا گیا اور ان کی تعمیرات تک کو ڈھا دیا گیا۔

ان کی مشہور تصنیفات جامع التواریخ، کتاب الاحیاء الآثار، توجیہات مفتاح التفاسیر رسالۃ السلطانیہ اور لطائف الحقائق ہیں۔ یہ کتابیں تصوف فقہ، معدنیات، فن تعمیر، جہاز سازی اور شہد کی مکھیاں پالنے کے فن کا احاطہ کرتی ہیں۔۔

ابن دیباع

ابن دیباع ابو عبداللہ عبد الرحمن بن علی، جنوبی عرب کے مشہور مہندس، مورخ اور محدّث تھے۔ ان کی ولادت زبید میں ۱۴۶۱ء میں ہوئی۔ مکہ میں رہ کر انہوں نے ادبیات اور حدیث کی تکمیل کی۔ ان کی تاریخی خدمات پر طاہری سلطان زبید کی طرف سے خلعت و جاگیر عطا ہوئی اور جامع زبید میں پروفیسر مقرر ہوئے۔

مشہور تصانیف "بُغیتہ المستقید فی اخبار مدینہ الزبید، قرۃ العیون فی اخبار یمن المامون" تمیز الطیب من الخبیث ممائد در علی السّنتہ الناس من الحدیث "ہیں۔

القزوینی

القزوینی زکریا بن محمد بن محمد ابو یحییٰ مشہور جغرافیہ داں تھے۔ ان کی ولادت ۱۱۰۳ء میں ہوئی۔ ابتدائی تعلیم کے بعد دمشق چلے گئے۔ ابن عربی سے متعارف ہوئے۔ آخری عباسی خلیفہ "المعتصم باللہ" کے زمانے میں واسط کے قاضی رہے۔

احوال عالم (Cosmography) پر ان کی نہایت ہی مشہور کتاب "عجائب المخلوقات و غرائب الموجودات" ہے۔ جغرافیہ کے موضوع پر ان کی تصنیف "عجائب البلدان" ہے۔ ان دونوں کتابوں کا دنیا کی اکثر زبانوں میں ترجمہ ہو چکا ہے۔ ان کی وفات ۱۲۸۳ء میں ہوئی۔

ابن القاضی

ابنُ القاضی ابو العباس مشہور شاعر، فقیہہ، ادیب مورخ اور ریاضی داں تھے۔ ان

کی ولادت ۱۵۵۲ء میں ہوئی۔ مختلف اساتذہ سے تعلیم حاصل کی۔ تعلیم مکمل ہونے کے بعد عملی زندگی میں قدم رکھا۔ جب عیسائیوں نے انہیں قید کر دیا تو سلطان ابو العباس منصور نے ۲۰ ! اونس سونا دیکر انہیں آزاد کرایا بعد میں یہ "سلا" کے قاضی مقرر ہوئے۔ اس کے بعد فارس چلے گئے اور وہیں درس و تدریس میں مصروف رہے ان کا انتقال ۱۶۱۶ء میں ہوا۔ ان کی مشہور تصانیف "المنطق القصور" اور (اسماء الرجال) درة الرجال ہیں۔

ابن ندیم

الندیم ابو الفرج محمد بن ابی یعقوب اسحاق الوراق البغدادی مشہور مورخ و تذکرہ نگار تھے۔ ان کی پیدائش ۳۲۵ھ میں ہوئی۔ ان کے والد کتب فروش تھے۔ ان کی عمر کا زیادہ تر حصہ بغداد میں گزرا۔ اسی نسبت سے بغدادی مشہور ہوئے۔ انھوں نے سیرافی اور ابو سلیمان سے استفادہ کیا۔ ان کی نہایت ہی مشہور کتاب "الفہرست" ہے۔ جو نہ صرف تاریخ و تذکرہ کی کتاب ہے بلکہ مختلف علوم و فنون کے متعلق بیش بہا معلومات کا ذخیرہ ہے۔ کتاب دس مقالات پر مشتمل ہے۔ پہلے چھ مقالات میں قرآن، نحو، تاریخ، شاعری، عقائد و دینیات کا تذکرہ ہے اور باقی چار مقالات میں فلسفہ، ادبیات، تاریخ، مذاہب اور علم کیمیا کی معلومات درج ہیں۔

تذکرہ کے سلسلہ میں انہوں نے اکابر علم و ادب کے ساتھ ان کی تصنیفات کا بھی ذکر کیاہے۔ اس لحاظ سے اس کتاب کی اہمیت بہت زیادہ ہے۔ ابن ندیم کی ایک اور کتاب "کتاب الاوصاف والتشبیہات" ہے۔

المقّاری

المقّاری ابو العباس احمد بن محمد بن احمد بن یحییٰ التلمسانی المالکی شہاب الدین مشہور مورخ، سوانح نگار اور ماہر ادبیات ہیں۔ یہ تلمسان میں ۱۵۹۱ء پیدا ہوئے۔ ابتدائی تعلیم

وطن میں ہوئی۔ مراکش، ایران اور مصر سمیت کئی ملکوں کا سفر کیا۔ ان کی مشہور کتاب "نفخ الطیب من غصن الاندلس الرطبیب و ذکر وزیرنا ابن الخطیب" ہے جو اسپین کی مسلم حکومت کی تاریخ ہے۔ ان کا انتقال قاہرہ میں ۱۶۳۲ء ہوا۔

یاقوت الرومی

یاقوت الرومی شہاب الدین ابو عبید اللہ عرب کے مشہور مورخ و تذکرہ نگار تھے۔ بازنطینی سرزمین سے تعلق رکھتے تھے۔ ان کی ولادت ۱۱۷۹ء میں ہوئی بچپن میں غلام کی حیثیت سے بغداد لائے گئے اور ایک تاجر عسکر نامی نے انھیں خرید لیا۔ اس نے بہترین تعلیم دلوائی۔ انہوں نے بہ سلسلۂ تجارت مختلف مقامات کی سیر و سیاحت کی اور اکابر علماء سے استفادہ کیا۔ آخر عمر موصل میں گزاری۔ یہیں ان کا انتقال ۱۲۲۹ء میں ہوا۔ ان کی مشہور کتابیں کتاب المبداء والمال، کتاب الدول، اخبار الشعراء، معجم الادباء معجم الشعراء، ارشاد الاریب اور معجم البلدان ہیں۔

المدائنی

المدائنی علی بن عبد اللہ بن ابی سیف ابو الحسن مشہور فقیہہ، مصنف اور مورخ تھے۔ ان کی ولادت بصرہ میں ۷۵۲ھ میں ہوئی۔ یہ کچھ مدت مداین میں رہے اور پھر بغداد چلے گئے۔ ان کی معلومات تاریخ پر نہایت ہی وسیع تھی۔ ان کی مشہور کتابیں، کتاب المغربین، خزائنۃ الادب اور اخبار الخلفاء الکبیر ہیں۔ ان کی وفات بغداد میں ۸۴۰ھ میں ہوئی۔

یعقوبی

الیعقوبی احمد بن ابی یعقوب بن جعفر عرب کے ایک مشہور مورخ تھے۔ یہ خراسان کے طاہری خاندان سے تعلق رکھتے تھے۔ طاہری خاندان کے زوال کے بعد مصر چلے

گئے۔ یہیں مستقل رہے اور علم و ادب کی خدمات انجام دیں نیز مختلف موضوعات پر کتابیں تصنیف کیں۔ ایک کتاب، "کتاب البلدان" جغرافیہ کے موضوع پر اور "تاریخ یعقوبی" تاریخ عالم پر لکھی۔ ان کا انتقال مصر میں ۲۸۴ھ میں ہوا۔

المقریزی

المقریزی ابوالعباس احمد بن علی بن عبدالقادر الحسینی تقی الدین مشہور عرب مورخ تھے۔ ان کی ولادت ۱۳۶۴ء میں قاہرہ میں ہوئی۔ پہلے وہ قاہرہ کے نائب وزیر مقرر ہوئے۔ بعد میں قلانسیہ کے مہتمم اوقاف ہوئے۔ پھر دمشق میں مدرسہ اشرفیہ اقبالیہ میں درس و تدریس پر مامور ہوئے۔ ان کی مشہور کتاب "تاریخ مصر" ہے جس کا پورانام "الخطط والآثار" ہے۔ ان کا انتقال ۱۴۴۲ء میں قاہرہ میں ہوا۔

ابنِ خلدون

"دنیا میں قومیں اور جماعتیں بنتی اور بگڑتی رہتی ہیں۔ اور بہ ظاہر یہ کوئی انوکھی بات نہیں ہے۔ قومیں ابھرتی ہیں تہذیبیں پیدا ہوتیں ہیں پھر مٹ جاتی ہیں۔ افراد اور جماعتیں اُٹھتی ہیں اور نئی ہلچل پیدا کر دیتی ہیں پھر آہستہ آہستہ ان میں انحطاط پیدا ہو جاتا ہے پھر ان کا شیرازہ آہستہ آہستہ بکھرنے لگتا ہے۔ افراد کا باہمی تعاون و تعامل کمزور پڑ جاتا ہے۔ طوائف الملوکی کا دور آتا ہے اور پھر یہ چھوٹی چھوٹی تنظیمیں اور حکومتیں امتدادِ زمانہ کے ساتھ آبی بلبلوں کی طرح ایک ایک کر کے بیٹھ جاتی ہیں۔ اور ایک بار سلطنت میں زوال آنا شروع ہو گیا تو اس میں نئی زندگی ڈالنا ناممکن ہو جاتا ہے۔ جس طرح ہر چیز کی ایک عمر ہوتی ہے۔ اسی طرح حکومتوں کی بھی عمر ہوتی ہے"۔

یہ وہ جملے ہیں جو آج سے تقریباً چھ صدی پہلے کہے گئے ہیں۔ بظاہر یہ چند سطریں اور جملے ہیں مگر یہ ایک مکمل دستور کا درجہ رکھتی ہیں۔ اور ان سطروں میں ماضی کے بے شمار

اُجالے پوشیدہ ہیں جن سے کبھی ہمارا ماضی روشن تھا۔ اس کے لفظ لفظ سے گہری بصیرت اور تجربات کی عُمق دکھائی دیتی ہے۔ یہ جملے آج بھی اتنے ہی حقیقی ہیں جتنے کہ کل تھے۔

یہ جملے کہنے والا شخص نہ کوئی کشّاف تھا اور نہ ہی کوئی الہامی شخصیت کا مالک بلکہ تیونس میں پیدا ہونے والا یہ شخص "ابنِ خلدون" تھا۔ وہی ابنِ خلدون جو نہ صرف ماہر سیاح بلکہ فنِ تاریخ اور عمرانیات کا بانی بھی ہے۔ یہ وہ زمانہ تھا جب اسپین کی اسلامی حکومت پر نزع کا عالم طاری تھا۔ حکومت ترکی پر شباب کی آمد آمد تھی عباسی سلطنت کا تاتاریوں کے ہاتھوں قلع قمع ہو چکا تھا اور ابھی سلطنت مغلیہ کی بنیاد نہیں پڑی تھی۔ مگر یہ تمام جملے ان سبھی حکومتوں پر حرف بہ حرف صادق آتے ہیں۔

ابنِ خلدون نہ صرف فنِ تاریخ کا موجد ہے بلکہ تاریخ ساز بھی ہے۔ یہی ہے جس نے تاریخ کے فن کو شخصیت کی حدود سے باہر نکال کر آسمان و زمین کی وسعت اور لا محدودیت بخشی۔ یہی ابنِ خلدون جس نے عمرانیات، اقتصادیات اور حکومتوں کے لیے ایسے زرین اصول مرتّب کیے جو تاریخ کے سنہرے ابواب ہیں۔ اس کی تصنیف "تاریخ ابنِ خلدون" نہ صرف شہرہ آفاقیت کا درجہ رکھتی ہیں بلکہ اس کا صرف مقدمہ ہی اس قدر جامع اور مکمل ہے جو سمندر کو کوزے میں سمیٹے ہوئے ہے۔ اور آج تک تلامیذ تاریخ اور سیاست اس سے مستفیض ہوتے ہیں۔

ابنِ خلدون کا نام "ابو زید عبد الرحمن بن محمد بن خلدون تھا۔ اس کے آباء و اجداد کا تعلق یمن کے قبیلے وائل سے تھا۔ جنہوں نے وہاں سے ہجرت کر کے "تیونس" میں بود و باش اختیار کر لی تھی۔ یہیں اس کی پیدائش ۷۳۲ھ میں ہوئی۔ تعلیم مکمل ہو جانے کے بعد اس نے سیاحت کا ارادہ کیا جو اس کے روم روم میں رچا بسا تھا۔ مگر انہیں دنوں تیونس میں وبائی امراض پھیلے جس کی وجہ سے اس نے تیونس کو چھوڑ کر تلمسان کا رخ کیا۔ یہاں

کے سلطان "ابو عنان المرینی" نے اس کی خاطر خواہ حوصلہ افزائی اور پذیرائی کی اور اسے عہدہ کتابت پر تفویض کر دیا۔ جسے اس نے نہایت ہی خوش اسلوبی سے انجام دیا۔ اور اپنی قابلیت، محنت اور ایمانداری سے سلطان کا دل جیت لیا۔ مگر کچھ ہی دنوں بعد حاسدوں اور رقیبوں نے اس پر طرح طرح کے الزام لگائے جس سے سلطان بد ظن ہو گیا۔ اور اسے قید خانے میں ڈال دیا۔ اسی دوران سلطان کا انتقال ہو گیا۔ اس کے بعد اس کے وزیر نے اسے آزاد کر دیا۔ تلمسان سے رہائی پا کر اس نے اندلس کا رُخ کیا اور سیدھا غرناطہ پہنچا یہاں کے حکمراں "ابو عبد اللہ" نے اس کا والہانہ استقبال کیا اور خوب پذیرائی کی۔ "ابو عبد اللہ" نے اسے بے انتہا مال و دولت سے نوازا اور جاگیر کے طور پر اسے ایک شہر عطا کر دیا۔ ابنِ خلدون کو اس نے اُمراء اور مصاحب کے زمرے میں شامل کر لیا۔ مگر یہ تمام پذیرائی اور مال و دولت اُس کے سیاحت کے شوق پر غالب نہ آسکے اور وہ وہاں سے نکل کھڑا ہوا۔ اسے اپنا وطن تیونس چھوڑے ہوئے برسوں ہو گئے تھے۔ اور اب اسے اپنے اہل و عیال کی بھی یاد شدّت سے ستانے لگی تھی لہٰذا اُس نے تیونس کا رُخ کیا اور کافی وقت اپنے اہل و عیال کے ساتھ گُزار کر دوبارہ تلمسان پہنچا (مع اہل و عیال)۔ اور یہیں اُس نے اپنی شہرہ آفاق کتاب "تاریخ ابنِ خلدون" لکھنا شروع کی۔ پہلے اس نے مقدمہ لکھا اور اس کے بعد اس کی بعض فصول بھی لکھیں۔ یہی وہ مقدمہ ہے جو بذاتِ خود ایک کتاب ہے۔ جو نہ صرف فنِ تاریخ، عمرانیات، اقتصادیات میں بلکہ حکومت کے بیشتر شعبوں کے لیے مشعل راہ ہے۔ "ابنِ خلدون" اب تقریباً پچاس برس کا ہو چکا تھا۔ مگر اب بھی وہ پوری طرح چاق و چوبند تھا۔ اس کا دل اب بھی گلستان سیاحت سے خوشہ چینی کے لیے بیقرار تھا۔

لہٰذا یہاں سے نکل کر دوبارہ وہ تیونس پہنچا۔ یہاں کے بادشاہ نے اسے اپنا پرائیوٹ

سیکریٹری بنالیا۔ مگر کچھ ہی دنوں کے بعد مصاحبوں اور رقیبوں کے سینے میں بھڑکتی ہوئی آتشِ حسد کی آنچ سے بچنے کے لیے اس نے مصر کا قصد کیا۔ یہاں اُس نے برسوں جامع ازہر میں فقہ مالکی کی تدریس کی اور پھر یہیں اُسے مالکی مذہب کا قاضی مقرر کر دیا گیا۔ جسے اس نے بحسن خوبی انجام دیا۔ ایک عالم، قاضی، مدرس، مورخ اور ادیب کی حیثیت سے اس کا شہرہ چہار دانگ عالم میں ہو گیا۔ اور اسی کے ساتھ اس کے حاسدوں کی تعداد میں بھی اضافہ ہو گیا۔ ابنِ خلدون نے اپنے اہل خانہ کو یہاں بُلا بھیجا تا کہ بقیہ زندگی اُنہیں کے ساتھ بسر کرے لیکن اثناء راہ یہ تمام غرق ہو گیے۔ اس صدمہ جانکاہ نے اس کی کمر توڑ دی۔ چنانچہ اُس نے منصب قضاوت سے علیحدگی اختیار کر کے مکمل گوشہ نشینی اختیار کر لی۔ مگر اس عزلت نشینی میں بھی وہ مسلسل تدریس و تالیف میں مشغول رہا۔ اور بالآخر ۸۰۸ھ میں ۷۶ سال کی عمر میں انتقال کر گیا اور یہیں کے قبرستان میں اُسے دفن کر دیا گیا۔

مسعودی

المسعودی ابوالحسن علی بن الحسین، چوتھی صدی ہجری کے مشہور سیاح، مورخ اور جغرافیہ داں تھے۔ انھوں نے لسانیات، فقہ، فلسفہ، ادب جیسے علوم حاصل کیے اور خوب سیاحت کی۔ ان کی سیاحت کا مقصد تحصیل علوم و فن تھا۔ ان کی پیدائش بغداد کی ہے۔ کمسنی ہی میں فارس کا سفر کیا اور کچھ حصہ اصطخر میں گزارا۔ اس کے بعد یہاں سے ہندوستان، سیلون ہوتے ہوئے ایک چینی قافلے کے ہمراہ بحر چین کی سیاحت کی۔ پھر یہاں سے لوٹتے ہوئے عمان، فلسطین، شام گئے۔ ان کا انتقال ۹۴۷ء میں فسطاط (قاہرہ) میں ہوا۔ ان کی سب سے مشہور تصنیف مروج الذہب ہے۔ اس کے علاوہ ان کی مشہور تصانیف "کتاب الاوصاف" اور "کتاب التنبیہہ والاشراف" ہیں۔

اصفہانی

عمادالدین محمد بن محمد الکاتب الاصفہانی مشہور مورخ اور صاحب طرز ادیب تھے۔ ان کی ولادت اصفہان میں ۵۱۹ھ میں ہوئی۔ ابتدائی تعلیم اپنے وطن میں حاصل کی اس کے بعد بقیہ علوم کی تحصیل کے لیے بغداد اور موصل گئے۔ اس کے بعد سلجوقی سلطان محمد ثانی کے دربار سے وابستہ رہے اور کچھ وقت صلاح الدین کے ساتھ بھی وقت گزارا۔ ان کی مشہور کتابیں "الفتح القصی فی الفتح قدسی" اور "نصرۃ الفترۃ و عُسرت الفطرہ" ہیں۔ یہ کتابیں فتح شام اور سلاجقہ کے متعلق ہیں۔ ان کا انتقال ۵۹۷ھ میں ہوا۔

ابن جبیر

ابن جبیر ابوالحسین محمد بن احمد الکندی کی ولادت ۱۱۴۵ء میں ہوئی۔ یہ عرب کے مشہور سیاح اور فقہ و حدیث کے عالم تھے۔ گورنر غرناطہ ابو سعید بن عبدالمومن کے سیکریٹری تھے۔ مکہ، قاہرہ، جدہ، مدینہ، بغداد، موصل، حلب، دمشق اور اسکندریہ وغیرہ کی سیاحت کرکے اپنا سفر نامہ مرتب کیا۔ جس کا ترجمہ مختلف زبانوں میں ہو چکا ہے۔

الصولی

الصولی ابو بکر بن محمد یحییٰ مشہور ادیب، مورخ اور ماہر شطرنج تھے۔ ان کا زمانہ عباسی خلیفہ المکتفی کا زمانہ تھا۔ ان کے آبا و اجداد خلفاء کے عہد میں کاتب کی خدمت پر مامور رہ چکے تھے۔

مورخ کی حیثیت سے وہ عہد عباسیہ کی تاریخ کے ماہر مانے جاتے تھے۔ ان کی تصنیف "کتاب الاوراق فی اخبار العباس و اشعار ہم" بہت ہی اہم ہے۔ اس کے علاوہ ان کی ایک اور کتاب "کتاب الوزراء اور اخبار الشعراء" بھی بہت مشہور ہے۔ ان کا انتقال ۹۴۶ء میں ہوا۔

ابن حیان

ابن حیان بن خلف ابو مروان حیان القرطبی مسلم اسپین کے مشہور مورخ تھے۔ ان کی مشہور تصانیف المتین، المقتبس فی تاریخ اندلس وغیرہ ہیں۔ ان کی وفات ۱۰۷۶ء میں ہوئی

ابن دقماق

ابن دقماق، صام الدین ابراہیم بن محمد المصری مشہور مورخ تھے۔ آپ کی مشہور تصانیف، نظم الجمان، نزھت الانام، فرائد الفواید اور الکنوز المخفیہ فی تاریخ الصوفیہ وغیرہ ہیں۔ ان کی وفات ۱۴۰۹ء میں ہوئی۔

ابن سعید

ابن سعید ابوالحسن اسپین کے مشہور مورخ و ادیب تھے۔ ان کی ولادت غرناطہ میں ۱۲۱۴ء میں ہوئی۔ مشہور تصنیف "المغرب فی حال المغرب" ہے۔ ان کا انتقال ۱۲۷۴ء میں دمشق میں ہوا۔

ابن شداد

ابن شداد بہاؤالدین مورخ تھے۔ ان کی ولادت موصل میں ۱۱۴۵ء میں ہوئی۔ موصل اور بغداد میں تعلیم پائی اور پھر اپنے وطن ہی میں پروفیسر ہو گئے۔ دمشق میں صلاح الدین ایوبی سے وابستہ رہے جنہوں نے انہیں قاضی العسکر مقرر کر دیا۔ انہوں نے صلاح الدین ایوبی کے حالات پر ایک کتاب لکھی تھی۔ ان کا انتقال ۱۱۸۴ء میں ہوا۔

الرجال احمد بن صالح

الرجال احمد بن صالح مشہور شاعر، مورخ اور فقیہہ تھے۔ ان کی ولادت ۱۰۲۹ھ میں مشبط میں ہوئی۔ قرآن، حدیث اور فقہ کی تعلیم کے حصول کے بعد صنعاء میں مستقل

قیام کیا اور یہیں خطیب کی حیثیت سے مامور رہے۔ ان کی مشہور تصنیفات مطلع البدور و مجمع البحور، تعلیق مشجر، اور بغیة الطالب ہیں۔ ان کا انتقال ۱۰۹۲ھ میں ہوا۔

ابن واصل

ابن واصل جمال الدین عرب کے مشہور مورخ تھے۔ ان کی ولادت ۱۲۰۴ء میں ہوئی تعلیم مکمل ہونے کے بعد حماة میں درس و تدریس کا سلسلہ شروع کیا پھر قاہرہ گئے اس کے بعد حماة کے قاضی مقرر کیے گئے ان کی مشہور تصانیف، نخبۃ الفکر، مفرج الکروب فی اخبار بنی ایوب ہیں۔ (ایوبی فرماں رواؤں کے بارے میں) ان کی وفات ۱۲۹۸ء میں ہوئی۔

ابوالمحاسن

ابوالمحاسن جمال الدین مشہور مورخ تھے ان کی ولادت قاہرہ میں ۱۴۱۱ء میں ہوئی ان کے والد حلب و دمشق کے گورنر تھے مقریزی اور دیگر اساتذہ سے تعلیم حاصل کی ان کی مشہور تصانیف "المنحل الصافی والمستوفی بعد الوافی" اور "النجوم ظاہرہ فی ملوک مصر و قاہرہ" ہیں۔ ان کا انتقال ۱۴۶۹ء میں ہوا۔

ابوشامہ

ابوشامہ شہاب الدین مشہور مورخ فقیہہ اور ادیب تھے۔ ان کی ولادت دمشق میں ۱۲۰۳ء میں ہوئی۔ فقہ اور ادبیات کی تعلیم اسکندریہ میں پوری کی پھر اپنے وطن واپس آکر مدرسہ رکینہ میں پروفیسر ہو گئے۔ انکی مشہور تصنیف "کتاب الروضتین فی اخبار الدولتین" ہے۔ ان کا انتقال ۱۲۶۸ء میں ہوا۔

ابن عبدالحکم

ابن عبدالحکم عبدالرحمن مشہور مصری مورخ تھے۔ ان کے والد مشہور محدث و

فقیہہ تھے۔ ان کی نہایت ہی مشہور تصنیف " فتوح مصر " ہے۔ ان کا انتقال فسطاط میں ۸۷۱ء میں ہوا۔

الجوینی

الجوینی علاؤالدین عطاملک بن محمد فارس کے مشہور مورخ تھے۔ ان کا وطن خراسان تھا۔ کم عمری میں ہی انہیں عہدہ دیوان پر ممتاز کر دیا گیا۔ جب ہلاکو نے فارس فتح کیا تو جوینی کو گورنری کے عہدہ پر مامور کر دیا۔ بعد میں بغداد کے گورنر بنائے گئے۔ انہوں نے ایک لاکھ دینار صرف کر کے دریائے فرات سے ایک نہر کوفہ و نجف تک نکالی۔ اباقہ کے عہد میں جب صوبۂ بغداد کے مداخل و مصارف کا حساب ہوا تو ان کے ذمہ کئی لاکھ دینار کا مطالبہ نکلا اور یہ قید کر لیے گئے۔ کچھ دنوں بعد رہا کر دیے گئے۔ ان کا انتقال ۱۲۸۳ء میں فالج کی وجہ سے ہوا۔ تاریخ جہاں کشائے، تاریخ جنگ ویلم، تاریخ سّلامی ان کی مشہور تصانیف ہیں۔ اس کے علاوہ " تسلیات الاخوان " عربی میں لکھا ہوا خط بھی بہت مشہور ہے۔

منشی عبدالکریم

ان کا زمانہ تیرہویں صدی ہجری کا ہے۔ فارسی مورخ ہیں، مشہور تصنیفات، تاریخ احمد شاہی، محاربات کابل، تاریخ پنجاب ہیں۔

ابن بشکوال

ابن بشکوال ابو القاسم قرطبہ کے محدث، مورخ اور تذکرہ نگار تھے۔ ان کی مشہور تصانیف کتاب الصلۃ فی تاریخ ائمہ الاندلس، کتاب الغوامض والمبہات من الاسماء ہیں۔ ان کا انتقال ۱۱۸۳ء میں ہوا۔

ابن اثیر

ابن اثیر بحر الدین ابو الحسن مشہور مورخ اور محدث تھے۔ یہ ۵۵۵ھ میں پیدا ہوئے۔ موصل، بغداد، شام اور بیت المقدس میں تعلیم پائی۔ ان کی نہایت ہی مشہور کتاب " الکامل " ہے۔ ان کی دیگر مشہور تصانیف، اللّباب، اسد الغابہ فی معرفۃ الصحابہ ہیں۔ ان کا انتقال موصل میں ۶۳۰۔ھ میں ہوا۔

ابن حوقل

ابن حوقل ابو القاسم محمد مشہور عربی سیاح و جغرافیہ داں تھے۔ وطن مالوف بغداد تھا۔ کم سنی میں ہی خلافت بغداد ختم ہو کر ترکوں کے قبضے میں جاچکی تھی۔ جب جوان ہوئے تو پتہ چلا کہ ان کی تمام جائداد ضائع ہو چکی ہے۔ اس لیے سیاحت و تجارت کو اپنا ذریعہ معاش بنایا۔ انھوں نے مشرق سے مغرب تک تمام اسلامی ممالک کی سیاحت کی۔ ان کا سیاحت نامہ "المسالک والممالک "نہایت ہی مشہور ہے۔

ابن خالویہ

ابن خالویہ ابو عبید اللہ مشہور نحوی و تذکرہ نویس تھے۔ حصول علم کے لیے ہمدان سے بغداد آئے اور یہاں کے مشہور اساتذہ سے نحو و ادب کی تعلیم حاصل کی۔ ان کی مشہور تصانیف کتاب اللیس، شرح مقصورات ابن درید ہیں۔ ان کا انتقال ۹۸۰۔ء میں ہوا۔

ابن خلکان

ابن خلکان احمد بن محمد بن ابراہیم مشہور مورخ و تذکرہ نگار تھے۔ ان کی ولادت اربیلا میں ۲۳ ستمبر ۱۲۱۱۔ء میں ہوئی۔ شروع میں حلب میں جوالقی اور ابن شداد سے تعلیم حاصل کی۔ پھر دمشق گئے۔ یہیں تکمیل تعلیم کے بعد قاضی القضاء بنائے گئے۔ پھر قاہرہ کے مدرسہ الفخریہ میں پروفیسر ہوئے۔ ان کی مشہور کتاب " وفیات الاعیان و انباء

الزماں" ہے۔ ان کا انتقال ۱۲۸۲ء میں ہوا۔

ابن درید

ابن درید ابو بکر محمد بن الحسن عرب کے مشہور شاعر، ادیب اور سوانح نگار تھے۔ ان کی ولادت بصرہ میں ۸۳۷ء میں ہوئی۔ تکمیل تعلیم بھی یہیں ہوئی۔ انھوں نے لغت پر ایک کتاب "کتاب الجمہرہ فی علم اللغۃ" لکھی۔ اس کے علاوہ ان کی کتاب "کتاب السرج واللجام" بھی بہت مشہور ہے۔ ان کا انتقال ۹۳۳ء میں بغداد میں ہوا۔

ابن قیتبہ

ابن قیتبہ دنبوری عرب کے مشہور مورخ، نحوی، ادیب، اور دبستان بغداد کے جید عالم تھے۔ ان کی ولادت کوفہ میں ۸۲۸ء میں ہوئی اور انتقال ۸۸۵ء میں ہوا۔ ان کی مشہور تصانیف کتاب الادب الکاتب، کتاب معانی الشعراء اور عیون الاخبار ہیں۔

النسوی

النسوی محمد بن احمد خوارزم شاہ جلال الدین کے زمانہ میں تھے۔ مشہور مورخ و تذکرہ نگار تھے۔ ان کی ولادت ۱۰۲۴ء میں خراسان میں ہوئی خوارزم شاہ جلال الدین کے بارے میں ایک کتاب لکھی جو "سیرۃ سلطان جلال الدین" کے نام سے مشہور ہے۔

میر خاوند

مشہور فارسی مورخ تھے۔ ان کی ولادت ۱۴۴۳ء میں ہوئی۔ ان کے والد برہان الدین خاوند شاہ ماوراء النہر کے باشندہ تھے۔ والد کے انتقال کے بعد یہ بلخ گئے اور یہیں تحصیل علم کی۔ ان کا ابتدائی زمانہ بہت عسرت میں بسر ہوا۔ اتفاق سے میر علی شاہ جو سلطان حسین شاہ ایران کا وزیر تھا ان کا سرپرست بن گیا اور انھیں تاریخی کتاب لکھنے پر مائل کیا۔ روضۃ الصفا (سات جلدوں میں) ان کی نہایت ہی معتبر تالیف ہے۔ ان کا انتقال

۱۴۹۸ء میں ہوا۔

ہمدانی

الہمدانی ابو محمد الحسن جنوبی عرب کے مشہور ادیب تھے۔ صنعاء میں پیدا ہوئے اور یہیں نشو و نما ہوئی۔ کچھ زمانہ مکہ میں گزار کر دوبارہ صنعاء واپس آئے اور یہیں تدریس اور تصنیف کا سلسلہ شروع کیا۔ یہ مورخ اور شاعر ہونے کے علاوہ لسانیات، طبقات الارض، جغرافیہ، فلکیات اور ریاضی کے بھی ماہر تھے۔ ان کی مشہور تصنیفات، اکلیل، صفت جزیرۃ العرب، سرائر الحکمۃ، کتاب الحیوان المفرس ہیں۔ ان کا انتقال ۹۴۵ء میں ہوا۔

ابو الفدا

ابو الفداء اسماعیل بن علی دمشق کے مشہور مورخ اور جغرافیہ داں تھے۔ ان کی ولادت ۱۲۷۳ء میں دمشق میں ہوئی۔ ان کا سلسلہ مصر کی ایوبی شاخ سے ملتا ہے۔ یہ کچھ سال فوجی عہدے پر قائم رہے۔ پھر حماتہ کے گورنر مقرر ہوئے۔ اور جب قاہرہ گئے تو "ملک الصالح" کا خطاب عطا ہوا۔ ان کی مشہور تصانیف، مختصر تاریخ البشر اور تقویم البلدان ہیں۔ ان کا انتقال ۱۳۳۱ء میں ہوا۔

الادریسی

الادریسی ابو عبد اللہ محمد بن محمد مشہور جغرافیہ داں ہیں۔ ان کی ولادت سبتہ میں ۱۱۰۰ء میں ہوئی۔ قرطبہ میں تعلیم پائی۔ اسی نسبت سے "القرطبی" بھی کہا جاتا ہے۔ صقلیہ کے فرمانروا کے دربار سے وابستہ ہوئے۔ یہیں انہوں نے نقشہ پر "الکتاب الرُجاری" لکھی۔ اس کے علاوہ جغرافیہ کے موضوع پر ایک بسیط کتاب "کتاب الممالک والمسالک" بھی لکھی۔ جس سے بعد کے تمام جغرافیہ دانوں نے استفادہ کیا۔ ان کا انتقال ۱۱۶۶ء میں ہوا۔

اصطخری

الاصطخری ابو اسحاق عرب کے مشہور جغرافیہ داں تھے۔ ان کا زمانہ چوتھی صدی ہجری کا ہے۔ ان کی مشہور کتاب جغرافیہ کے موضوع پر "مسالک الممالک" بڑی اہمیت کی حامل ہے۔

البکری

البکری عبداللہ بن عبدالعزیز مشہور ادیب اور جغرافیہ داں تھے۔ مغربی ہسپانیہ سے تعلق رکھتے تھے۔ قرطبہ میں تکمیل علوم کی۔ مشہور تصانیف، شفاء العلیل العربیات، کتاب معجم ما استعجم الامثال والسائرات، المسالک و الممالک ہیں۔ ان کا انتقال ۱۰۹۴ء میں ہوا۔

البلخی

البلخی ابو زید احمد بن سہیل عرب کے مشہور جغرافیہ داں تھے۔ ان کی جائے پیدائش بلخ ہے اسی نسبت سے بلخی مشہور ہوئے۔ ان کی نہایت مشہور تصنیف "صور الاقالیم" ہے۔ ان کا انتقال ۹۳۴ء میں ہوا۔

البلاذری

البلاذری احمد بن یحییٰ ایرانی النسل تھے۔ یہ تیسری صدی ہجری کے مشہور عرب مورخ تھے۔ ان کی تعلیم دمشق، حمص اور عراق میں ہوئی۔ ان کی نہایت ہی مشہور دو کتابیں ہیں۔ فتوح البلدان اور انساب الاشراف۔ غلطی سے انھوں نے ایک دفعہ بلاذر (بھلاواں) کا عرق پی لیا جو ان کی ہلاکت کا باعث بنا۔ ان کا انتقال ۸۹۲ء میں ہوا۔

جزجانی

جزجانی منہاج الدین ابو عمر عثمان مشہور ایرانی مورخ تھے۔ ان کا زمانہ ساتویں صدی

ہجری کا ہے۔ انکے والد بامیان کے قاضی تھے۔ لیکن جب مغل "غور" میں آئے تو جزجانی ان کے ساتھ ساتھ ہندوستان چلے آئے۔ بہرام شاہ کے دور میں دہلی کے قاضی القضاء مقرر کر دیے گئے۔ یہاں سے لکھنؤتی چلے گئے۔ مگر دوبارہ دہلی واپس آئے اور ناصریہ دارالعلوم کے پرنسپل مقرر ہوئے۔ ان کی مشہور کتاب "طبقات ناصری" ہے۔

دمشقی

دمشقی ابو عبداللہ محمد بن ابی طالب عرب مورخ اور جغرافیہ داں تھے۔ یہ ربوہ (شام) کے امام تھے اور یہیں ۱۳۲۷ء میں ان کا انتقال ہوا۔ ان کی مشہور تصانیف، نخبۃ الدہر فی عجائب البر و بحر اور کتاب السیاسۃ فی علم الریاسۃ ہیں۔

الصفدی

صفدی صلاح الدین خلیل بن ایبک ترکی النسل تھے۔ ان کی ولادت ۱۲۹۶ء میں ہوئی۔ یہ مشہور مورخ، جغرافیہ داں، ادیب اور شاعر تھے۔ انہوں نے مشہور مورخ شمس الدین ذہبی اور تاج الدین سبکی سے استفادہ کیا۔ پہلے وہ صفد قاہرہ اور حلب میں سیکریٹری کے عہدہ پر مامور رہے۔ اس کے بعد دمشق کے مہتمم خزانہ ہوئے۔

ان کی مشہور تصنیفات، الوافی با الوافیات (تزکرہ اکابر علم وادب)، تحفہ ذوی الالباب (تاریخ کے موضوع پر)، تذکرہ صلاحیہ (اقتباسات)، دیوان الفصحاء (تذکرہ)، جناس الجناس، کشف الحال فی وصف افعال، رشف الزلال فی وصف الھلال ہیں۔ ان کا انتقال دمشق میں ۱۳۶۲ء میں ہوا۔

قطبی

قطبی صلاح الدین محمد بن شاکر مورخ و تذکرہ نگار تھے۔ انہوں نے دمشق اور حلب میں تعلیم پائی اور کتب فروش کی حیثیت سے زندگی بسر کی۔ ان کا انتقال ۱۳۷۳ء میں ہوا۔

انکی مشہور تصانیف، فوات الوفیات اور عیون التواریخ ہیں۔

قلقشندی

قلقشندی شہاب الدین ابو العباس مشہور جغرافیہ داں، مورخ و ادیب تھے۔ مشہور تصانیف، صبح الاعشاء فی صناعۃ الانشاء۔ (تاریخ جغرافیہ، اور ادب کے موضوع پر) اور نہایت الارب فی معرفتہ قبائل العرب ہیں۔ ان کا انتقال ۱۴۱۸ء میں ہوا۔

خوندمیری

خوند میر غیاث الدین بن ہمام الدین مشہور ایرانی مورخ تھے۔ ان کی پیدائش ۱۴۷۵ء میں ہرات میں ہوئی۔ ان کے والد سلطان محمود (سمرقند) کے وزیر رہے اور یہ خود بھی سلطان حسین کے بڑے بیٹے کے ملازم رہے۔ برسوں افغانستان کی خانہ جنگیوں میں الجھے رہے۔ آخر کار تنگ آکر ہندوستان چلے گئے اور یہاں آکر آگرہ میں بابر سے ملے اور چند برسوں بابر سے وابستہ رہے۔ بابر کے انتقال کے بعد ہمایوں سے وابستگی اختیار کی اور اس کی عمارات کی تعریف میں " ہمایوں نامہ " رقم کیا۔ اس کے علاوہ " خلاصۃ الاخبار اور حبیب السیر " بھی لکھی۔ کتاب موخر نے ہی انھیں دنیا کے سامنے مورخ کی حیثیت سے مشہور کیا۔ ان کا انتقال دہلی میں ۱۵۳۵ء میں ہوا۔ ان کی وصیت کے مطابق نظام الدین اولیاء میں دفن کر دیا گیا۔

المقدسی

المقدسی شمس الدین کی ولادت ۹۴۶ء میں یروشلم میں ہوئی۔ اسی نسبت سے مقدسی کہلائے۔ یہ مشہور جغرافیہ داں اور ماہر فن تعمیر تھے۔ ان کی مشہور تصنیف، احسن التقویم فی معرفتہ الاقالیم (جغرافیہ کے موضوع پر) ہے۔ اس کا ترجمہ یوروپ کی تقریباً تمام زبانوں میں ہو چکا ہے۔ ان کا انتقال ۱۰۰۰ء میں ہوا۔

ابن الفرضی

ابن الفرضی ابوالولید قرطبی مورخ، سوانح نگار، محدث اور فقیہہ تھے۔ ان کی ولادت قرطبہ میں ۹۶۲ء میں ہوئی۔ قرطبہ، مکہ اور مدینہ میں تعلیم پائی قرطبہ میں درس و تدریس کی۔ ان کی مشہور تصنیف، "تاریخ علماء والاندلس" ہے۔ ان کا انتقال قرطبہ میں ۱۵۱۲ء میں ہوا۔

سیوطی

السیوطی ابوالفضل عبدالرحمن بن ابی بکر بن محمد جلال الدین شافعی یہ سیوط کے رہنے والے تھے۔ اسی نسبت سے سیوطی مشہور ہوئے۔ یہ فارسی النسل تھے۔ ان کی ولادت ۱۴۴۵ء میں ہوئی ان کا خاندان بغداد سے ہجرت کر کے سیوط میں رہنے لگا۔ یہ مصر کے نہایت مشہور مورخ ہیں۔ ان کے والد مدرسہ شیخوقیہ میں فقہ کے مدرس تھے۔ تکمیل تعلیم اور والد کے انتقال کے بعد انھیں کی جگہ درس دینے لگے۔ انھوں نے مختلف موضوعات پر کتابیں لکھی ہیں۔ ان کی تصنیف "ترجمان القرآن فی التفسیر المسند" بہت مشہور ہے۔ اس میں وہ تمام احادیث جمع کی ہیں جن سے تفسیر قرآن میں مدد لی جاتی ہے۔ بعد میں اس کا خلاصہ "الدر منثور" کے نام سے مرتب کیا۔ اس کے علاوہ مفاہمات الاقرآن فی مبہمات القرآن،۔ لباب النقول فی اسباب نزول (تفسیر الجلالین)، التبحیر فی علوم التفسیر، طبقات المفسرین، جامع المسانید، کنز العمال، کفایت الطالب اللبیب ہیں۔

ادبیات اور لسانیات کے موضوع پر "المظہر فی علوم اللغتہ" ادبی انسائیکلوپیڈیا کی حیثیت رکھتی ہے۔ بغیۃ الوعات، بدائع الظہور فی وقائع الدہور، تاریخ الخلفاء، حسن المحاضرہ اور الفریدہ فی النحو والتصریف والخط ان کی مشہور تصنیفات ہیں۔ ان کا انتقال ۱۵۰۵ء میں ہوا۔

جنابی

جنابی ابو محمد مصطفیٰ فارسی مورخ تھے۔ ان کی ولادت جنابہ میں ہوئی اور انتقال ۱۵۹۱ء میں ہوا۔ ان کی مشہور تصنیف "بحر الزخار" ہے۔ (اسے تاریخ جنابی بھی کہتے ہیں۔

(

ضیاء الدین برنی

مشہور ہندوستانی مورخ تھے اور برن (بلند شہر) کے رہنے والے تھے۔ ان کی ولادت ۱۲۸۵ء میں ہوئی۔ ان کی مشہور کتاب "تاریخ فیروز شاہی" ہے۔ اس میں غیاث الدین بلبن سے لے کر عہد فیروز شاہی کے چھٹے سال تک کے حالات قلمبند ہیں۔ یہ نظام الدین اولیاء کے مرید تھے۔ ان کا انتقال ۱۳۵۷ء میں ہوا اور ان ہی پاس دفن کر دیا گیا۔

محمد قاسم فرشتہ

محمد قاسم فرشتہ شمالی ایران (استر آباد) میں ۱۵۵۲ء میں پیدا ہوئے۔ بچپن میں ہی اپنے باپ غلام علی ہندوشاہ کے ساتھ حسین نظام شاہ اول کے عہد میں جب احمد نگر کی نظام شاہی حکومت پر زوال آیا تو یہ ابراہیم شاہ ثانی کے پاس بیجاپور چلے گئے اور اختیارات قاسمی ایک طبی کتاب لکھی۔ ابراہیم عادل شاہ نے تاریخ دکن لکھنے کی طرف متوجہ کیا اور ان کی یہی کتاب "تاریخ فرشتہ" کے نام مشہور ہے۔ جس کا ترجمہ انگریزی زبان میں ہو چکا ہے۔ ان کا انتقال ۱۶۲۳ء میں ہوا۔

عیاض بن موسیٰ

عیاض بن موسیٰ ابوالفضل مشہور شاعر، ادیب، محدث مورخ اور فقیہہ تھے۔ ان کی ولادت سبتنہ میں ۴۷۶ھ میں ہوئی۔ ابتدائی تعلیم وطن اور قرطبہ میں ہوئی۔ انھوں نے سینکڑوں اساتذہ سے علوم وفنون حاصل کیے۔ وطن واپس آئے تو قاضی بنا دیے گئے۔

یہ الموحدین کے بڑے طرفدار تھے۔ اس لیے جب ان کی حکومت میں ضعف پیدا ہوا تو مراکش چلے گئے۔ وہیں ان کا انتقال ۵۴۴ھ میں ہوا۔ ان کی مشہور تصانیف، کتاب الشفاء، مشارق انوار اور اکمال المعلم ہیں۔

ابن خوردابہ

ابن خوردابہ ابو القاسم عبداللہ ایرانی النسل مشہور مورخ، جغرافیہ داں اور ماہر موسیقی تھے۔ ان کے دادا طبرستان کے گورنر تھے اور یہ خود محکمہ ڈاک کے افسر تھے۔ ان کی مشہور تصنیف "کتاب المسالک والممالک" ہے۔ ان کا انتقال ۹۱۲ء میں ہوا۔

النویری

النویری شہاب الدین کی ولادت " الکوس " میں ۱۲۷۹ء میں ہوئی۔ یہ مشہور مورخ تھے۔ ان کے والد کاتب کی خدمت پر مامور تھے۔ یہ خود بھی سلطان ملک الناصر کے عہد میں مختلف ذمہ دار خدمتوں پر مامور رہے۔ مملوک عہد کی انہوں نے ایک بڑی جامع ادبی تاریخ لکھی تھی جس کا نام "نہایت الارب فی فنون الادب" ہے۔ اس میں تمام علوم وفنون کا ذکر کیا تھا جو اس وقت رائج تھے۔ ان کا انتقال قاہرہ میں ۱۳۳۲ء میں ہوا۔

ابنِ مسکویہ

احمد بن علی مسکویہ مشہور مورخ، ماہر نفسیات، سماجیات، نباتات اور کیمیا داں تھے۔ ان کی پیدائش 'رے' میں ۳۲۵ھ میں ہوئی، حصول تعلیم کے بعد بادشاہ عضد الدولہ کے دربار سے وابستہ رہے۔ یہیں رہ کر علمی تحقیقات کا سلسلہ جاری رکھا، اس کے علاوہ درس و تدریس کی محفلیں بھی سجائیں۔ ان کا خاص مضمون کیمیا تھا جس پر انہوں نے کافی محنت کی اور جابر بن حیان سے بھی استفادہ کیا۔ ان کا انتقال ۹۹، برس کی عمر میں ہوا۔ مشہور تصانیف۔ تجارب الامم، تہذیب الاخلاق اور جاوداں خرد ہیں۔

ابوالفرج

ابوالفرج علی بن الحسین مشہور مورخ تھے۔ ان کی ولادت اصفہان میں ۲۸۴ھ میں ہوئی اور وفات ۳۵۰ھ میں ہوئی۔ ابتدائی تعلیم بغداد میں ہوئی۔ سیف الدولہ وزراء آلبویہ اور اسپین کا خاندان بنی امیہ ان کا بڑا قدردان تھا۔ ان کی نہایت مشہور تصنیف "کتاب الاغانی" ہے۔ جس میں عرب کے بہت سے شعراء کا کلام ہے۔

ابن ابار

ابن ابار ابو عبد اللہ محمد مشہور مورخ تھے۔ ان کی پیدائش 1199ء میں ولینشیا (Valensia) میں ہوئی۔ اسپین کے مشہور محدث عبدالربیع بن سالم سے استفادہ کیا۔ ولینشیا اور تیونس میں بطور سیکریٹری اور گورنر کے مشیر کی حیثیت سے کام کیا۔ ان کی مشہور کتابیں، کتاب الحلۃ السیارۃ، تحفۃ القادم، کتاب التکملہ الکتاب الصلہ، اور المعجم فی اصحاب القاضی الاسلام ابی علی الصدفی ہیں۔ ان کا انتقال ۱۲۶۰ء میں ہوا۔

(۴) باب چہارم: اطباء و سائنسدان

اسحاق بن حنین

اسحاق بن حنین بن اسحاق العبادی ابو یعقوب نہایت ہی مشہور طبیب، ریاضی داں اور فلسفی تھے۔ ان کا زمانہ عباسی خلافت کا تھا۔ یہ وہ زمانہ تھا جب بغداد میں علم و فضل کی بارش ہوا کرتی تھی۔ انہوں نے زیادہ تر یونانی کتابوں کا ترجمہ کیا ہے۔ جن میں سب سے مشہور کتاب "مُبادی اقلیدس" ہے۔ ان کا انتقال بغداد میں ۹۱۰ء میں ہوا۔

الانطاکی

الانطاکی نباتات اور جڑی بوٹیوں کے علم میں مہارت رکھتے تھے۔ ان کا پورا نام "الانطاکی دواد بن عمر الضریر" تھا۔ یہ اانطاکیہ میں پیدا ہوئے اسی نسبت سے الانطاکی مشہور ہوئے۔ نابینا ہونے کے باوجود انہوں نے جڑی بوٹیوں کی معلومات حاصل کرنے کے لیے دور دراز کے سفر کیے۔ ایشیاء کوچک آکر انہوں نے کافی معلومات حاصل کیں اس کے علاوہ انہوں نے یونانی کتابوں سے بھی استفادہ کیا۔ عمر کا اکثر حصّہ دمشق و قاہرہ میں گزارا اور مکّہ میں ۱۵۹۹ء میں انتقال کیا۔

مشہور تصانیف: تذکرہ اولی الباب والجامع للعُجب العُجاب، تزئین الاسواق بہ تفصیل اشواق العُشاق، رسالہ فی الطائر والعقاب

الرازی

(موجد انسائیکلوپیڈیا)

الرازی ابو بکر محمد زکریا(Rhazes)نہ صرف ماہر طبیب، حاذِق، فلسفی، ہیئت داں اور ماہر علم کیمیا تھا بلکہ جراحت میں بھی اس کا اچھا خاصا عمل دخل تھا۔ علی ابن ربّان الطبری صاحب فردوس الحکمتہ کالائق فائق شاگرد تھا۔ اسی سے اس نے علم طب حاصل کیا جب کہ علم فلسفہ اس نے ابن ندیم اور ناصر خسرو سے حاصل کیا۔

تعلیم مکمل ہونے کے بعد جب اس نے عملی زندگی میں قدم رکھا تو بہت جلد ہی اس کی شہرت طبیب حاذِق کے طور پر دُور دُور تک پھیل گئی۔ شروع میں اپنے وطن 'رے' میں پھر بغداد کے شفاخانوں کا مہتمم بنا دیا گیا۔ مگر ناموافق اور ناساز گار سیاسی حالات کی وجہ سے بار بار اسے اپنے وطن میں واپس لوٹنا پڑا تھا۔ یہیں رہ کر اُس نے مختلف ایجادات کیں۔ اور مسلسل پندرہ برس کی محنت سے اس نے "الحاوی" جیسی پہلی طبی انسائیکلوپیڈیا تالیف کی۔ جو دُنیا کی پہلی انسائیکلوپیڈیا ہے۔ اور یہ اس کا سب سے بڑا طبی کارنامہ ہے۔

الرازی فنِ طب میں زبردست قابلیت رکھتا تھا۔ اس کے نزدیک معلوم کردہ حقائق کو تسلیم کرنا ضروری نہیں۔ جب تک وہ تجربہ سے ثابت نہ ہو۔ اس کے نزدیک ہر وہ تجربہ تحریر کیا جانا اور آزمائش میں ڈالا جانا ضروری ہے جس کی علّت کے بارے میں ہم تاریکی میں ہوں۔

الرازی کو فنِ طب کے علاوہ فنِ جراحت میں بھی دخل تھا۔ اسی نے زخم کو کھلا رکھنے کی ترکیب سب سے پہلے بتائی۔ چیچک اور خسرہ کی تشخیص اور اس کے لیے ٹیکہ لگانے کی ابتدا سب سے پہلے اسی نے کی۔ اس کی مشہور کتاب "الجدری والحصبہ" دُنیا کے وبائی امراض پر پہلی کتاب ہے۔ اہلیورپ نے اس ایجاد کو ایڈورڈ جینیر(Edward jenear) کی طرف منسوب کرادیا۔

مگر اس کا سب سے بڑا طبی کارنامہ "الحاوی" ہے۔ جس میں اس نے عربی، یونانی،

ہندی ایرانی اور ترکی طب کی روح سمودی۔

اس کے علاوہ اُس کی تصانیف " طب الروحانی " اور "میزان طبیعی " بھی بہت مشہور ہیں۔ علم کیمیا پر اس کی تقریباً ۱۲ کتابیں ہیں۔ زمین گول ہونے کا نظریہ جو بعد میں کوپر نیکس (Copernices) کے طرف منسوب ہوا دراصل اسی کا پیش کردہ ہے۔ اس موضوع پر اس کی کتاب "ہیتہ العالم " ہے۔ اس کی تصانیف کی کُل تعداد ۲۲۰ شمار کی گئی ہیں۔ پہلی انسائیکلوپیڈیا کی بنیاد رکھنے والا یہ شخص ۷۵، برس کی عمر میں ۹۲۵ء میں انتقال کر گیا۔

ابو القاسم زہراوی

(موجد جراحی)

ابو القاسم زہراوی((ALBUCASSIS۹۳۶ء میں قرطبہ کے قریب الزہرہ نامی بستی میں پیدا ہوا۔ اُس کے والد کا نام عباس تھا۔ اُس کے آباء و اجداد عربی النسل تھے۔ جو مسلم فاتحین کے ساتھ اسپین آئے اور وہیں کے ہو کر رہ گئے۔

ابو القاسم بچپن ہی سے ذہین اور غور و فکر کا عادی تھا۔ اُسے زمانہ بچپن ہی سے طب سے لگاؤ تھا۔ ابتدائی تعلیم مکمل کرنے کے بعد اس نے قرطبہ یونیورسٹی میں داخلہ لیا۔ وہاں اس کے اوصاف پوری طرح نکھر کر آئے تعلیم مکمل ہونے کے بعد اُس نے عملی زندگی میں قدم رکھا۔ یہ زمانہ خلیفہ عبد الرحمن الناصر کا تھا۔ یہ نہ صرف علم و فن کا بڑا قدر داں تھا بلکہ جوہر شناس بھی تھا۔ اس نے ابو القاسم کے اندر چھُپے ہوئے فن کو پہچان لیا اور اس کا تقرر شاہی اسپتال میں کر دیا۔ اُس نے اس موقعہ سے پورا پورا فائدہ اُٹھایا اور مسلسل تحقیق تجربات اور اپنے وسیع مطالعہ کی روشنی میں اُس نے طب کے مختلف اُصول و قوانین وضع کیے جن کی وجہ سے آج اُس کا نام آسمان طب کا ایک روشن ستارہ ہے۔

ابو القاسم زہراوی سے پہلے مریضوں کا علاج صرف اور صرف دواؤں سے کیا جاتا تھا مگر اس نے "جراحی"(آپریشن) کا طریقہ ایجاد کرکے طب کی دنیا میں انقلاب برپا کر دیا۔ اس کے طبی نظریات اور تجاویز کی بنا پر اسے جراحی کا موجد مان لیا گیا۔ اس نے امراض کو دو قسموں میں تقسیم کیا۔ ایک وہ جن کا علاج دواؤں سے ممکن ہے اور دوسرا وہ جن کا علاج دواؤں سے ممکن نہیں دوسری قسم کو اس نے جراحی کے خانے میں ڈالا اور اس بات پر زور دیا کہ جو جسمانی اعضاء خراب ہو کر مریض کے لیے تکلیف کا باعث بنیں تو انہیں آپریشن کے ذریعے کاٹ کر الگ کر دینا چاہیے۔

ابو القاسم زہراوی نے سرجری کے آلات بھی ایجاد کئے۔ اس نے تصویر بنا کر قرطبہ کے بہترین کاریگروں سے آلات جراحی بنوائے۔ ان میں سے اکثر آلات آج بھی اُسی شکل میں ہیں اور ویسے ہی استعمال ہوتے ہیں جیسے "نشتر"، "چمٹیاں"، "چاقو"، "قینچیاں" وغیرہ۔ اُس نے آپریشن پر بحث کرتے ہوئے بتایا کہ آپریشن کرنے سے پہلے مریض کو بے ہوش کر دینا چاہیے تاکہ اُسے تکلیف نہ ہو۔ اُس نے آپریشن کے بعد زخموں کے سینے کے لیے دھاگوں پر بھی تجربات کرکے بتایا کہ الگ الگ زخموں کے سینے والے دھاگے (Stitching Threads) نہ صرف الگ ہوتے ہیں بلکہ سینے کے طریقے (Stitching) بھی الگ ہوتے ہیں۔

ابو القاسم زہراوی نے جراحت (Surgery) کو ایک مکمّل فن کی حیثیت سے پیش کیا اور اسکے قوانین بھی واضع کیے۔ اس نے جسم کے مختلف امراض کا علاج کرکے ثابت کیا کہ ان کا علاج آپریشن ہی سے ممکن ہے۔ جیسے "ٹانسل"(Tonsil)، "رسولی"(Tumour)، گوشت کا بڑھ جانا"، "کٹی ہوئی شریانوں کا جوڑنا" وغیرہ۔ اس کے علاوہ اس نے ٹوٹی ہوئی ہڈی پر پلاسٹر لگانے کا طریقہ بھی ایجاد کیا۔ ابو القاسم زہراوی سرجری

میں بے انتہا مہارت رکھنے کے باوجود کینسر کے آپریشن کا سخت مخالف تھا۔ اُس کے مطابق کینسر کو چھیڑ دینے سے مرض اور خطرناک صورت اختیار کر لیتا ہے (یہ ہمارا بھی تجربہ ہے)۔ ابو القاسم زہراوی مریض کی دیکھ ریکھ، غذا مناسب آب وہوا اور مریض و معالج کے خوشگوار تعلقات پر بہت زور دیتا تھا۔ مگر اُس کا عقیدہ کامل تھا کہ مریض کی شفایابی کے لیے معالج صرف کوشش کرتا ہے۔ شفا دینے والی ذات اللہ کی ہے۔

ابو القاسم زہراوی کو طب کے ساتھ ساتھ اخلاقیات، فلکیات، ریاضیات، لسانیات، مذہبیات، کیمیا، طبیعات، نفسیات، قواعد اور شاعری سے بھی گہرا لگاؤ تھا۔ اور ان مضامین میں بھی اس کا عمل دخل تھا۔ مگر اس کا کہنا تھا کہ انسان اپنی تمام تر توجہ کسی ایک فن کی طرف لگا کر اس میں مہارت حاصل کر لے یہ اُس کے لیے زیادہ بہتر ہے۔ لہٰذا اس نے فن طب میں یکسو ہو کر ایسی ایسی چیزیں ایجاد کیں جو آج بھی طبی دور میں ایک نقش پا کی حیثیت رکھتی ہیں۔

اس کی واحد کتاب "التصریف لمن عجز عن التالیف" ایک طرح کی طبی انسائیکلوپیڈیا ہے۔ یہ کتاب اس کے ذاتی علم، مشاہدے اور تجربے کا نچوڑ ہے۔ اس کتاب کے کئی زبانوں میں ترجمے بھی ہو چکے ہیں۔ ۱۰۱۳ء میں فنِ جراحت کے نقشِ پا چھوڑ کر ابو القاسم زہراوی اس دار فانی سے کوچ کر گیا۔

ابن سینا (شیخ الاطباء)

شیخ الرئیس بو علی سینا ابن سینا (AVICENNA) کا پورا نام "ابو علی الحسین ابن عبد اللہ ابن علی سینا" تھا۔ یہ بخارا کے قریب افشنہ نامی قصبے میں ۹۸۰ء میں پیدا ہوا۔ تعلیم و تربیت کے لیے اس کے والد نے "شیخ اسمٰعیل زاہد" کے سُپرد کر دیا۔ دس سال کی عمر میں ہی اس نے قرآن حفظ کر لیا اور فنِ ادب پر دسترس حاصل کر لی۔ بعد ازاں اس نے ایک

سبزی فروش سے علم ریاضی اور ایک نصرانی عالم "عیسیٰ بن یحییٰ" سے علم طب سیکھا۔ ان علوم کے علاوہ بھی اسے منطق، موسیقی، شاعری، طبیعات، الہیات، ہیئت، کیمیا اور علم الخواص اشیاء پر عبور حاصل تھا۔ شیخ کی علمی قابلیت اور ذہانت کا کچھ ہی دنوں میں دور دور تک شہرہ ہونے لگا۔ انہیں دنوں امیر بخارا "نوح بن منصور" ایک سخت مرض میں مبتلا ہوا۔ اس کے مقرب اطباء علاج سے قاصر رہے۔ امیر کے علاج کی غرض سے ابن سینا کو بلایا گیا۔ اس نے چند ہی دنوں میں امیر بخارا کو اس مرض سے نجات دلا دی۔ امیر بخارا نے خوش ہو کر اسے اپنا طبیب خاص مقرر کر لیا۔

شیخ ابنِ سینا کی پوری زندگی تعلیم و تعلّم اور علاج معالجہ میں گزری۔ اس کی تصانیف کے مطالعہ سے اس کی ذہانت اور غیر معمولی شخصیت کا اندازہ ہوتا ہے۔ اہل یورپ نے بو علی سینا کے کارناموں کی جو قدر کی اس سے پوری دُنیا واقف ہے۔ اس کی ہمہ گیر شخصیت نے مشرق و مغرب پر اپنے گہرے نقوش چھوڑے ہیں جس کی وجہ سے مورخین نے اسے زبردست خراجِ تحسین پیش کیا ہے اور اسے "شیخ الاطباء" اور "شیخ الرئیس" جیسے معزز القاب سے نوازا۔

مشہور جملہ ہے کہ "علم طب ناقص تھا ابن سینا نے اسے مکمل کیا۔" اس نے علمِ طب میں نئے نئے وسائل ایجاد کیے اور جو نقائص اور خامیاں نظر آئیں انہیں دور کر کے اس فن کو ایک مکمل علم کی صورت میں پیش کیا گویا علمِ طب میں اسے مجتہد کا درجہ حاصل ہے۔ ابن سینا پہلا شخص ہے جس نے قثاطیر (Catheter)، علم بتر (Amputation) اور دماغی امراض کے لیے برف کی ٹوپی (Ice cap) کا استعمال کیا۔ اس کے علاوہ اس نے آنکھوں کے ناسور کے علاج کا طریقہ

اندامِ نہانی میں ادویات کی ترسیل کا طریقہ، زنبور کی مدد سے ولادت کا تصور، عرق

مدنی (Guinea Worm)، دماغی رسولی اور سرطان کے علاج کا بھی شافی نظریہ پیش کیا۔

شیخ الرئیس ابن سینا کثیر التصانیف اور ماہر علم جراح تھے۔ "کتاب الشفاء" اور "القانون فی الطب" آج بھی قطعیت کا درجہ رکھتی ہیں۔ "القانون فی الطب" ایک ایسی کتاب ہے جس کی نظیر نہیں ملتی۔ اس کا اصل نسخہ پہلی مرتبہ روم سے ۱۵۹۳ء میں شائع ہوا۔ اس طرح عربی زبان کی یہ پہلی کتاب ہے جو شائع ہوئی۔ اس کے بعد روسی اور فرانسیسی زبان میں بھی اس کے تراجم ہوئے اور صدیوں تک یورپ کی مختلف طبی درس گاہوں میں شامل نصاب رہی۔ مذکورہ بالا کتابوں کے علاوہ بھی "الارشادات"، "کتاب النجات"، "الادویۃ القلبیہ" اور "الارجوزہ فی الطب" "کتاب السیاست"، "تہافتۃ التہافتہ"، "منطق المشرکین والقصیدہ المزدوج فی المنطق" کافی مشہور ہیں۔ سرجری سے متعلق اس کا رسالہ "رسالہ فی الفصد" آج بھی ملک کی متعدد لائبریریوں میں محفوظ ہے۔ ابنِ سینا جہاں دیگر علوم اور علمِ طب میں اپنا ثانی نہیں رکھتا تھا۔ وہیں فنِ جراحی میں بھی وہ یکتا تھا۔ اتنی خوبیوں کا مالک ۱۰۳۷ء میں ۵۷ برس کی عمر میں ایران کے شہر ہمدان میں اس دارفانی سے کوچ کر گیا اور اپنے پیچھے بے شمار ایجادات اور تصانیف کا خزانہ چھوڑ گیا تاکہ آنے والی نسلیں اس سے استفادہ کریں۔

ابنِ بیطار (ماہر نباتات)

ضیاء الدّین ابنِ بیطار مالکی ماہر نباتات کے طور پر مشہور تھے۔ یہ اسپین کے رہنے والے تھے۔ انہوں نے دور دراز کا سفر کر کے ہزاروں جڑی بوٹیوں کے خواص اور استعمال معلوم کر کے اپنی مشہور کتاب "جامع المفردات" میں لکھیں یہ کتاب ۱۴ سو جڑی بوٹیوں پر مشتمل ہے اور ایک شاہکار کا درجہ رکھتی ہے۔ اس کے ترجمے لاطینی سمیت دُنیا کی تقریباً

زبانوں میں ہو چکے ہیں۔

ابنِ بیطار اسپین کے شہر "ملاغا" میں ۱۱۹۷ء میں پیدا ہوئے ان کے والد جانوروں کے ڈاکٹر تھے۔ بیطار عربی لفظ ہے۔ جس کے معنی "جانوروں کا ڈاکٹر" ہے۔ اسی نسبت سے یہ ابنِ بیطار مشہور ہوئے۔ ان کا نام ضیاء الدّین تھا۔ انھوں نے عربی تعلیم مکمل کرنے کے بعد علوم حکمیہ پڑھا اور اتنی زبردست قابلیت حاصل کی کہ امام اور شیخ کے لقب سے یاد کیے جانے لگے۔ یہ نہایت ہی خوش اخلاق اور بامروّت تھے۔ نہ صرف عوام میں مقبول بلکہ بادشاہوں کے بھی دل عزیز تھے۔ دس برس تک ملک الکامل شاہ دمشق کے دربار میں کام کرتے رہے۔ اس کے انتقال کے بعد مصر چلے گئے وہاں بھی انہیں طبیب خاص مقرر کر دیا گیا۔

ابنِ بیطار کو پیڑ پودوں اور جڑی بوٹیوں کے بارے میں جاننے کا شوق تھا۔ اس ذوق و شوق، لگن و جستجو کا نتیجہ تھا کہ صرف بیس برس کی عمر میں انھوں نے مصر، یونان، اور ایشیاء کوچک کے جنگلوں اور پہاڑوں کا چپہ چپہ چھان مارا اور جڑی بوٹیوں کو اکٹھا کر کے ان کا گہرا مطالعہ کیا اس کام کے لیے انھوں نے اُس زمانے کے مشہور ماہر نباتات ابو العباس سے استفادہ کیا اس کے علاوہ انھوں نے ارسطو، جالینوس اور دیگر یونانی حکماء کی کتابوں سے بھی استفادہ کیا۔

ابنِ بیطار نے دمشق میں ایک باغ لگایا تھا جس میں بے شمار جڑی بوٹیاں بوئی گئی تھیں۔ یہ ان کا مسلسل مطالعہ کر کے ان پر تحقیق کرتے رہتے جڑی بوٹیوں کو نہ صرف تازہ صورت میں بلکہ ان کو سکھا کر بھی ان کے خواص پر تحقیقات کرتے یہی وجہ ہے کہ ابنِ بیطار کو جڑی بوٹیوں کی پہچان اور ان کی تاثیروں کا گہرا تجربہ تھا۔

ابنِ بیطار کی دو کتابیں بہت مشہور ہوئیں۔ پہلی کتاب "الادویہ المفردہ" اور دوسری

"جامع الادویہ والاغذیہ "پہلی کتاب میں جڑی بوٹیوں کی فہرست اور ان کے فوائد کا ذکر ہے۔ اور دوسری میں مختلف نباتی اور حیوانی دوائیوں کا ذکر ہے۔ ان دونوں کتابوں میں تقریباً ڈیڑھ ہزار پودوں اور جڑی بوٹیوں کا علم فراہم کیا گیا ہے۔ جس میں سو ادویات عجائبات کے زمرے میں آتی ہیں انہوں نے دیسقوربدوس کی "کتاب الادویہ" کی شرح بھی لکھی۔ ابنِ بیطار جڑی بوٹیوں کو تجربات و مطالعہ کے لیے اپنے اوپر آزماتے تھے اسی دھن میں ایک زہریلی بوٹی کھالی اور اسی کے اثر سے شعبان ۶۴۶ھ بمطابق ۱۲۴۸ء میں دمشق میں انتقال کر گئے اور وہیں انہیں دفن بھی کر دیا گیا۔

کندی

ابو یوسف یعقوب بن اسحاق کندی، علم طب، فلسفہ، ریاضی، علم ہیئت اور علم نجوم میں زبردست مہارت رکھتا تھا۔ اس کا زمانہ عباسی خلافت کا ہے۔ (۸۷۳ء) کندی امیر گھرانے کا فرد تھا۔ اس کے والد مہدی اور ہارون رشید کے عہد میں کوفے کے امیر تھے۔ کندی کے آباء واجداد اگرچہ طبقہ امراء سے تعلق رکھتے تھے اور یعقوب کی پرورش بھی شاہانہ طریقے سے ہوئی مگر اس نے علم وفن کی محبت میں اپنا سب کچھ تج دیا اور شب و روز کے مطالعے اور تحقیق نے اسے اپنے فن میں کامل اور یکتا کر دیا۔ کندی نے اپنی تحقیقات اور تجربات کو کتابی شکل میں مرتّب کیا جس کے ترجمے لاطینی جرمنی وغیرہ زبانوں میں ہو چکے ہیں۔

ابو نصر فارابی (معلّم ثانی)

ابو نصر فارابی کا پورا نام " محمد بن ترخان ابو نصر " ابن ابی اُصیبیہ نے اس کا نام ابو نصر محمد بن اوزلیغ بن طرخان " لکھا ہے۔ یہ ترکستان کے مقام " فاراب " میں ۸۷۲ء میں پیدا ہوا اور ۹۵۰ء میں دمشق میں وفات پائی۔

فارابی کی ابتدائی زندگی نہایت ہی غربت اور تنگدستی میں گزری۔ مگر غربت و تنگدستی اس کے علم و جستجو پر غالب نہ ہو سکی۔ آخر کار افلاس و بھکمری کا شکار یہ بچہ آگے چل کر علم و فن کا خزانہ ثابت ہوا جس سے لاکھوں لوگ مالا مال ہوئے۔ ہمیں مختلف لوگوں کے بارے میں معلوم ہے کہ انہوں نے حصولِ علم کے لیے طرح طرح کی مصیبتیں اُٹھائیں۔ مگر فارابی کا معاملہ اس سے مختلف ہے۔ ابتدائی دور میں یہ ایک دفعہ رات کے وقت مطالعہ میں مصروف تھا کہ تیل ختم ہونے سے چراغ بجھ گیا۔ اس میں اتنی مالی وسعت نہ تھی کہ تیل خرید تا۔ مگر شوق مطالعہ اسے کھینچ کر باہر لے آیا اور گشت کر تے ہوئے پہرے دار کے سامنے لا کھڑا کیا۔ فارابی نے پہریدار سے سارا ماجرا کہہ سنایا اور اُسے وہاں تھوڑی دیر رُکنے کی گزارش کی تاکہ وہ اپنا سبق یاد کر لے۔ پہریدار اُس دن مان گیا مگر دوسرے دن اُس نے رکنے سے صاف انکار کر دیا۔ مگر فارابی نے گزارش کی کہ وہ اس کے پیچھے پیچھے چلتا رہے گا تاکہ اُسکی لالٹین کی روشنی میں مطالعہ کر سکے۔ کچھ دنوں تک یہ سلسلہ چلتا رہا مگر ایک دن پہریدار نے اس کی علمی لگن اور جستجو سے متاثر ہو کر اُسے نئی لالٹین لا کر دے دی۔ دُوسروں کی روشنی میں علم حاصل کرنے والے اس شخص نے اپنے پیچھے علم و فن کی ایسی روشنی چھوڑی ہے کہ نہ اس کی لَو کبھی مدّھم ہو گی نہ کبھی بجھے گی۔ تقریباً ۵۰ سال اس نے حصولِ علم میں صرف کئے۔

اس دوران اُس نے عیسائی طبیب "یوحنا بن حیلان" سے بھی استفادہ کیا۔ اس کے بعد تحقیق و تدریس کی طرف متوجہ ہو کر "سیف الدولہ ہمدانی" کے دربار سے وابستہ ہو گیا۔ فارابی ارسطو اور افلاطون سے بے حد متاثر تھا۔ ارسطو کی اکثر کتابوں کی اس نے شرحیں لکھی ہیں۔ اسی وجہ سے اسے "معلّم ثانی" بھی کہا جاتا ہے۔

ان شرحوں میں شرح "الیساغوجی" اور بطلیموس کی "المجسطی" بہت مشہور ہیں۔

فارابی نہ صرف حکیم اور فلسفی تھا بلکہ سائنس، نجوم اور موسیقی کے علوم پر بھی اسے دسترس تھی۔ اس کی دیگر تصانیف میں "الموسیقی الکبیرہ"، "معانی العقل" اور "اراء اہل المدینۃ الفاضلہ" اور "السیرۃ الفاضلہ" معروف ہیں۔ اس کی تصانیف کی تعداد سیکڑوں تک پہنچتی ہیں۔ فارابی شاعر بھی تھا۔ اس کی ایک طویل دُعا بھی بہت مشہور و معروف ہے جسے اس کے بعض تذکرہ نگاروں نے نقل کیا ہے۔

ابن ہیثم (ماہر بصریات)

ابو علی محمد بن الحسن ابن ہیثم (ALHAZEM) عراق کے شہر بصرہ میں (۹۶۵ء) میں پیدا ہوا۔ بچپن ہی سے وہ غور و فکر کا عادی تھا۔ پڑھائی لکھائی میں خوب دلچسپی لیتا تھا۔ ریاضی، طبیعات، طب، اِلٰہیّات، منطق، شاعری، موسیقی اور علم الکلام اُس کے پسندیدہ موضوع تھے۔ ابن ہیثم نے ان مضامین میں محنت کر کے مہارت حاصل کی۔ بعد میں اُس کے دماغ میں یہ بات آئی کہ کیوں نہ اپنی تحقیق و تجربات کو قیدِ تحریر میں لایا جائے تاکہ نہ صرف اپنی کتابیں وہ خود اپنے شاگردوں کو پڑھا سکے بلکہ آئندہ آنے والی نسلیں بھی ان سے استفادہ کر سکیں۔

ابن ہیثم وہ پہلا ماہر بصریات تھا جس نے بصارت دید (Vision) کی درست اور تفصیلی وضاحت کی اور بتایا کہ روشنی میں نظر آنے والے جسم کی جانب سے دیکھنے والی آنکھوں کی جانب سفر کرتی ہے آنکھ سے اجسام کی جانب نہیں۔ اس کے علاوہ اُس نے بصریات سے متعلق اصطلاحات بھی درج کیں۔ جیسے "آنکھ کا عدسہ" اُسے مسور کی دال سے مشابہ نظر آیا۔ اسی وجہ سے اُس نے اسے "عدسہ" کا نام دیا۔ عربی زبان میں مسور کی دال کو "عدَسَ" اور لاطینی زبان میں "لینٹل" (Lentil) کہتے ہیں۔ اسی مناسبت سے اسے "لینس" بھی کہتے ہیں۔

ابن ہیثم نے روشنی کے بارے میں کافی معلومات فراہم کیں جیسے "انعطاف۔۔۔ "، "انعکاس"، "دو چشمی نظارے"، "عدسوں کی تمسیک" اور "قوس و قزح" وغیرہ روشنی کی ماہیت اور حقیقت کے بارے میں ابن ہیثم کے نظریات قابل ذکر ہیں۔ اُس نے اپنے متقدمین کے نظریات کو جوں کا توں نہیں تسلیم کیا بلکہ ان پر تحقیق کر کے اپنے نظریات کو ثابت کیا۔ اُس کے نزدیک حرارتی توانائی کی طرح روشنی بھی ایک طرح کی توانائی ہے۔ روشنی نور ہے اور ہمیشہ بغیر سہارے کے خطِ مستقیم میں سفر کرتی ہے۔ اس کی رفتار میں کمی بیشی ممکن ہے۔ جب یہ کسی لطیف جسم سے گزرتی ہے تو اس کی رفتار بڑھ جاتی ہے۔ اور کثیف جسم میں گزرنے سے اس کی رفتار گھٹ جاتی ہے۔ ابن ہیثم کے تجربات نے نہ صرف آنکھ کے فعل کو سمجھنے میں مدد دی بلکہ "کیمرہ" کی ایجاد کا بھی سبب بھی بنے۔ اُس نے ایک اندھیرے کمرے کی دیوار میں ایک چھوٹا سا سوراخ کر کے اس کے اندر روشنی پہنچائی۔ سوراخ کے عین سامنے ایک پردہ لٹکا دیا جس پر سوراخ سے آنے والی روشنی اور اس روشنی میں نظر آنے والی چیزوں کا عکس پڑ سکے۔ اس نے دیکھا کہ روشنی میں نظر آنے والی تمام چیزیں پردے پر اُلٹی دکھائی دیتی ہے۔ اُس کا یہ تجربہ نہ صرف آنکھ کے افعال کو بخوبی سمجھنے میں معین و مددگار ثابت ہوا بلکہ "کیمرہ" کی ایجاد کا بھی سبب بنا۔ ابن ہیثم کا سب سے بڑا کارنامہ بصارت کے عمل کی وضاحت ہے۔ متقدمین کا خیال تھا کہ انسانی آنکھ سے روشنی کی کرنیں نکلتی ہیں اور جن جن چیزوں پر یہ کرنیں پڑتیں ہیں۔ وہ دیکھنے والی آنکھ کو نظر آتی ہیں۔ مگر ابن ہیثم نے اپنے تجربات اور تحقیق سے ثابت کیا کہ جب بھی کسی جسم پر یہ روشنی پڑتی ہے تو وہ جسم اس روشنی کو متعین سمتوں میں بھیج دیتا ہے۔ روشنی کی یہ خاصیت ہے کہ جب یہ کسی جسم سے ٹکراتی ہے تو اسی زاویے میں واپس مُڑ جاتی ہے۔ جس زاویے سے ٹکراؤ ہوتا ہے جس سے نکلی ہوئی شعاعوں میں سے کچھ ان آنکھوں میں

داخل ہو جاتی ہیں جو خطِ مستقیم میں سفر کرنے والی شعاعوں کے راستے میں آجاتی ہیں اس طرح یہ اجسام ان آنکھوں کو نظر آتے ہیں۔

قدیم مورخین اور سیرت نگاروں کے نزدیک ایسا معلوم ہوتا ہے کے ابن ہیثم کی معروف حیثیت ایک فلسفی، مہندس اور ریاضی داں کی ہے۔ علم البصر پر اُس کی تحقیقات کی قابل قدر حیثیت کا تعین نہیں کر سکے تھے۔ ابن ابی اُصیبعہ نے عیون الانباء فی تاریخ الاطباء میں اسکا مفصل تذکرہ کیا ہے اور سیکڑوں موضوعات پر مشتمل چوالیس تصانیف کی ایک مکمل فہرست پیش کی ہیں۔ لیکن اس کی بصریاتی تحقیقات کا وہ کماحقہ ادراک نہیں کر سکے۔ اگر علم البصر (Ophthalmology) کی ترقی نہ ہوئی ہوتی تو شاید کبھی اس کی صحیح تحقیقاتی حیثیت کا تعین نہ ہو پاتا۔

ابن ہیثم انتہائی قناعت پسند اور اعلیٰ ظرف تھا۔ اُس نے پوری زندگی تحقیق و تجربات میں گزاری۔ اُس کے چند ہی شاگرد ہوئے جنہیں اس عظیم سائنس داں نے مفت تعلیم دی۔ اُس کی تصنیفات میں "النور"، "کیفیات العُضلات"، "اصول المساحت"، میزان الحکمت"، "منظرِ شفق" اور " المرایا المحرقہ باالدوائر" قابل قدر ہیں مگر اُس کی روشنی کے موضوع پر لکھی ہوئی کتاب "المناظر" سب سے زیادہ مشہور ہے۔ اخیر عمر میں وہ مصر چلا گیا۔ اور فاطمی خلیفہ الحاکم کے دربار سے وابستہ رہ کر ۱۰۳۹ء میں وہیں وفات پائی۔

ابنِ اُصیبیعہ

ابنِ ابی اُصیبیعہ موفق الدّین ابو العباس احمد بن القاسم السعدی الخزرجی مشہور سوانح نگار اور طبیب تھے۔ ان کی ولادت ۱۲۰۳ء اور وفات ۱۲۷۰ء میں ہوئی۔ انہیں بصریات میں خاص دلچسپی تھی انہوں نے ابنِ بیطار سے کافی استفادہ کیا ان کی مشہور کتاب "عیون الانباء فی طبقات الاطباء" ہے۔ جس میں تقریباً ۶ سو اطباء کے حالات زندگی اور ان کی

تصانیف کا ذکر ہے۔ اس کتاب کا اُردو ترجمہ دو ضخیم جلدوں میں سینٹرل کونسل فار ریسرچ اِن یونانی میڈیسن گورنمینٹ آف انڈیا، نئی دہلی نے شائع کیا ہے۔

جابر بن حیان (ماہر کیمیا)

خلیفہ ہارون رشید کے وزیر یحییٰ برمکی کی چہیتی بیوی شدید بیمار ہوئی۔ بہتیرے علاج کے بعد بھی شفا نہ ہوئی۔ جب یحییٰ اس کی زندگی سے مایوس ہو گیا تو مشورۃً اس نے ایک حکیم سے رجوع کیا۔ اس حکیم نے صرف ایک دوا دو گرین تین اونس شہد میں ملا کر ایک گھونٹ پلائی۔ آدھے گھنٹے سے بھی کم وقت میں مریضہ پہلے کی طرح صحت یاب ہو گئی۔ یہ دیکھ کر یحییٰ برمکی اس حکیم کے پیروں پر گر گیا مگر اس حکیم نے اسے ایسا کرنے سے منع کیا اور بقیہ دوا بھی اسے دے دی۔ اس اکسیری دوا دینے والے شخص کو اسلامی دُنیا جابر بن حیان اور اہل مغرب "Geber" کے نام سے جانتے ہیں جو اسلام کے اوّلین کیمیا دانوں میں سے تھا۔ اس نے اپنے اُستاد "اِمام جعفری صادِق" سے زیادہ کارنامہ انجام دیا اور علم کیمیا کی دُنیا میں انقلاب برپا کر دیا۔ اسی لیے مشہور کیمیا داں (Holmyard-J-E) نے اُسے خراج تحسین پیش کرتے ہوئے اُسے "پہلا کیمیا داں" کا خطاب دیا۔ جابر بن حیان (۷۲۱۔ ۸۰۶ء) طوس میں پیدا ہوا۔ کچھ وقت اس نے کوفہ میں گزارا مگر اس کا بیشتر وقت ہارون رشید کے دربار میں گزرا۔ جابر بن حیان کو کیمیا کا بانی مانا جاتا ہے۔ وہ کیمیا کے تمام عملی تجربات سے واقف تھا۔ اس نے اپنی کتاب میں لکھا ہے کہ "کیمیا میں سب سے ضروری چیز تجربہ ہے جو شخص اپنے علم کی بُنیاد پر پر تجربہ نہیں کرتا وہ ہمیشہ غلطی کرتا ہے"۔

جابر بن حیان نے مادّے کو عناصر اربعہ کے نظریے سے نکالا۔ یہ پہلا شخص تھا جس نے مادّے کی تین حصّوں میں درجہ بندی کی۔ نباتات، حیوانات اور معدنیات۔ بعد ازاں

معدنیات کو بھی تین حصّوں میں تقسیم کیا۔ پہلے گروہ میں بخارات بن جانے والی اشیاء رکھی اور انہیں "روح" کا نام دیا۔ دوسرے گروہ میں آگ پر پگھلنے والی اشیاء مثلاً دھاتیں وغیرہ رکھیں اور تیسرے گروہ میں ایسی اشیاء رکھیں جو گرم ہو کر پھٹک جائیں اور سرمہ بن جائے۔ پہلے گروہ میں گندھک، سنکھیا، نوشادر وغیرہ شامل ہیں۔

جابر بن حیان نے کیمیاوی مرکبات مثلاً کاربونیٹ، آرسینک، سلفائیڈ اور الکحل کو خالص تیار کیا ہے۔ اس نے الکحل شورے کے تیزاب و نائٹرک ایسڈ اور نمک کے تیزاب ہائیڈروکلورک ایسڈ اور فاسفورس سے دُنیا کو پہلی بار روشناس کرایا اس کے علاوہ اس نے دو عملی دریافتیں بھی کیں۔ ایک تکلیس یا کشتہ کرنا یعنی آکسائیڈ بنانا اور دوسرے تحلیل یعنی حل کرنا۔ جابر بن حیان کیمیا کے متعدد اُمور پر قابلِ قدر نظری و تجرباتی علم رکھتا تھا۔ کیمیا کے فن پر اس کے تجربات بہت اہم ہیں۔ مثلاً فولاد کی تیاری، پارچہ بافی،، چرم کی رنگائی، لوہے کا زنگ سے محفوظ رکھنا اور شیشے کے ٹکڑے کو رنگین بنانا وغیرہ۔ جابر بن حیان کی مشہور کتابیں "کتاب الملک"، "کتاب الرحمہ"، "کتاب التجمیع، "زیبق الشرقی" اور "کتاب الموازین الصغیر" ہیں۔

ابنِ زُہر

(طبیب کامل)

ابنِ زُہر نہایت ہی مشہور طبیب تھے۔ انہیں فنِ طبابت کے علاوہ الٰہییات، فقہ اور ادبیات پر بھی مکمل دسترس تھی۔ مگر علمِ طب میں انہیں خاص دلچسپی تھی۔ ان کا پورا نام "ابنِ زُہر بن ابو مروان عبد الملک بن ابی الاعلیٰ زُہر تھا۔ ان کی ولادت اشبیلیہ میں ۱۰۹۱ء میں ہوئی۔

ابنِ زُہر کو مستشرقین Avenzoar کے نام سے جانتے ہیں۔ ابنِ ابی اصبیعہ نے

ابنِ زُہر نام کے تین فلسفیوں اور علماء کا ذکر کیا ہے۔ ۱) ابو مروان عبد الملک بن فقیہ محمد بن مروان ۲) ابو العلاء ابنِ زُہر ۳) ابو مروان بن ابی العلیٰ بن زُہر، لیکن غور کرنے سے معلوم ہوتا ہے کہ یہ تینوں دراصل ایک ہی مسمی سے تعلق رکھتے ہیں۔

ابنِ زُہر نے ذاتی تجربات و تحقیقات سے بہت سے امراض کا علاج دریافت کیا جن کا نام بھی پہلے کسی کو معلوم نہیں تھا۔ سب سے پہلے انہوں نے سانس کی نالی پر عمل جراحی کی اور حلقوم و حقنہ کے ذریعے سے آلات غذا پہنچانے کا تجربہ کیا۔ ابن رُشد سے ان کے نہایت ہی دوستانہ تعلقات تھے۔ اور وہ انہیں غیلان کا سب سے بڑا طبیب مانتا تھا۔ یہ پہلے المرابطون کے ملازم تھے۔ بعد میں الموحدون کے ملازم ہو گئے۔ گورنر مراکش علی بن یوسف کسی وجہ سے ان سے ناراض ہو گیا اور کچھ دنوں کے لیے انہیں قید کر دیا لیکن جب الموحدون کا زمانہ آیا اور علی بن یوسف مر گیا تو انہیں رہا کر کے وزارت کے عہدہ پر فائز کر دیا گیا۔

ان کی مشہور طبی تصانیف کتاب التیسیر فی المداوات والتدبیر، کتاب الاقتصاد فی اصلاح الانفس والاجساد ہیں۔ جن کا ترجمہ دُنیا کی اکثر زبانوں میں ہو چکا ہے۔ ان کا انتقال ۱۱۶۱ء میں ہوا۔

علامہ دمیری (ماہر حیوانات)

علامہ کمال الدّین دمیری ماہر حیوانات ہیں۔ ان کی شہرہ آفاق کتاب "حیوٰۃ الحیوان" ایک شاہکار کا درجہ رکھتی ہے۔ ان کی کنیت "ابو البقا" ہے اور انکے والد کا نام موسیٰ بن عیسیٰ ہے یہ مصر کے رہنے والے تھے۔ ان کی ولادت ۱۳۴۹ء میں مصر کی ایک بستی "دمیرہ" میں ہوئی اسی نسبت سے یہ دمیری مشہور ہوئے۔ ابتدائی تعلیم قاہرہ میں پوری کی تعلیم مکمل ہونے کے بعد جامعہ ازہر قاہرہ میں دل و جان سے درس و تدریس میں

مصروف ہو گئے۔ کچھ دنوں بعد انہیں عہدہ قضاء کی پیش کش کی گئی مگر انہوں نے اسے ٹھکرا دیا۔ علامہ کمال الدّین دمیری شافعی المذہب، انتہائی پرہیز گار اور اعلیٰ درجے کے عابد تھے۔ یہ پے درپے روزے رکھتے تھے اور کئی بار حج بھی کیا کچھ وقت انہوں نے مکہ میں بھی گزارا اس دوران یہاں بھی درس و تدریس میں مصروف رہے۔

انہوں نے شیخ علی المظفر عطار مصری، علی بن احمد فرضی دمشقی، شیخ بہاء الدّین سبکی، جمال الدّین اسنوی، کمال الدّین نویری، بہاء بن عقیل، شیخ برہان الدّین قیراطی، ابو الفرج بن القاری، محمد بن علی حراوی سے مختلف علوم کی تحصیل میں استفادہ کیا۔ المقریزی ان کا ہم عصر تھا اور ان سے استفادہ کیا کرتا تھا۔ وہ لکھتا ہے کہ میں "علامہ دمیری" کی صحبت میں دو سال رہا مجھے ان کی مجلس بہت پسند تھی وہ کبھی کبھی مجھے والہانہ اشعار سناتے تھے۔ میں انکے عالی مرتبت، بلند پایا شخصیت اخلاق و کردار، عبادت و ریاضت کی وجہ سے ان پر فریفتہ ہو گیا تھا۔

ان کی مشہور تصنیفات "الدیباچہ فی شرح السنن الامام ابنِ ماجہؒ" اور "النجم الوہاج فی شرح المنہاج "ہیں۔ مگر ان کی سب سے مشہور تصنیف "حیٰوۃ الحیوان "ہے۔ جو علم الحیوان پر ایک مکمل انسائکلو پیڈیا کا درجہ رکھتی ہے۔ اس کتاب میں نہ صرف جانوروں کے خصائل اور خصوصیات درج ہیں بلکہ ان کی شرعی حلّت، طبی فوائد اور خواب کی تعبیر سے بھی بحث کی گئی ہے۔ علامہ کمال الدّین دمیری کا انتقال ۱۴۰۵ء میں قاہرہ میں ہوا اور مقبرہ الصوفیہ سعید السعد میں دفن کر دیا گیا۔

ابن الرجال

الرجال احمد بن صالح مشہور طبیب، شاعر، مورخ اور فقیہہ تھے۔ ان کی ولادت ۱۰۲۹ھ میں مشبط میں ہوئی۔ قرآن، حدیث اور فقہ کی تعلیم کے حصول کے بعد صنعاء

میں مستقل قیام کیا اور یہیں خطیب کی حیثیت سے مامور رہے۔ ان کی مشہور تصنیفات، مطلع البدور و مجمع البحور، تعلیق مشجر، اور بغیۃ الطالب ہیں۔ ان کا انتقال ۱۰۹۲ھ میں ہوا۔

الفرغانی

الفرغانی ابو العباس احمد بن کثیر الفرغانی اپنے زمانے کے مشہور ہیئت داں تھے۔ انہوں نے عباسی خلافت کا زمانہ پایا تھا۔ (۸۳۲ء۔ ۹۰۳ئ) خاص طور سے خلیفہ مامون اور المتوکل کا انہیں کے زمانے میں انہوں نے نیلو میٹر (NILOMETER) دریائے نیل کو ناپنے کا ستون قائم کیا۔ علم ہیئت پر انہوں نے بے شمار کتابیں لکھی ہیں۔ ان کی مشہور کتابوں میں "اصول علم نجوم"، ''جوامع علم النجوم و الحرکات السماویہ"، "المدخل الی علم ہیئت الافلاک "اور "کتاب الفصول الثلاثین "ہیں۔

ابو معشر مشہور ہیئت داں تھے۔ ان کا ذکر اکثر "ABUMASAR" کے نام سے آتا ہے۔ یہ بلخ کے رہنے والے تھے اور الکندی کے ہم عصر تھے۔ ابتدائی تعلیم مکمل ہونے کے بعد علم ہیئت اور فلکیات کا مطالعہ شروع کیا اور ان علوم میں مہارت حاصل کر لی۔ ان کی عمر کا زیادہ تر حصہ بغداد میں گزرا اور واسطہ میں تقریباً سو سال کی عمر میں ۸۸۶ء انتقال ہوا۔ ان کی مشہور تصانیف " المدخل الکبیر"، کتاب القِرانات، کتاب الالوف فی بیوت العبادات، موالید الرجال والنساء ہیں۔

ابن البناء

ابن البناء مراکش کے رہنے والے تھے۔ ان کی ولادت ۱۲۵۶ء میں ہوئی۔ ان کا شجرہ اس طرح ہے " ابن البناء ابوالعباس احمد بن عثمان الازدی "۔ ابن البناء ریاضی، ہیئت، علم نجوم اور علم طب میں مہارت رکھتے تھے۔ اس کے علاوہ انہیں حدیث، فقہ اور

علم نحو میں بھی ملکہ حاصل تھا۔ مختلف علوم میں انہوں نے تقریباً ۸۴ کتابیں تصنیف کی ہیں ان کی سب سے مشہور تصنیف "تلخیص اعمال الحساب" ہے۔ جس کے ترجمے مختلف زبانوں میں ہو چکے ہیں۔ ان کا انتقال مراکش میں ہی ۱۳۲۱ء میں ہوا۔

ابوالوفا بوزجانی (ماہر فلکیات وہیئت)

سولہویں صدی میں "ٹائی کو براہی" (Tycobrahe) نامی ایک مغربی سائنسداں نے ثابت کیا کہ "سورج میں کشش ہے اور چاند گردِش کرتا ہے۔ زمین کے گرد چاند کی گردِش میں سورج کی کشش سے خلل پڑ جاتا ہے اسے چاند کا گھٹنا بڑھنا (Evection) کہا جاتا ہے۔ اس کی وجہ سے دونوں اطراف میں زیادہ سے زیادہ ایک ڈگری پندرہ منٹ کا فرق بڑھ جاتا ہے۔

اہل یورپ نے اس تحقیق کا سارا کریڈٹ "ٹائی کو براہی" کو دیا مگر حقیقت تو یہ ہے کہ اس دریافت سے چھ صدی پہلے ایک مسلم سائنسداں "ابوالوفا بوزجانی" نے یہ کارنامہ انجام دیا تھا۔ اور اسی کی تحقیق تھی لیکن اہل مغرب کی علم چوری نے دوسری اور تحقیقات کی طرح اس تحقیق کو بھی اپنے حق (Credit) میں ڈال دیا۔

ابوالوفا بوزجانی نیشاپور کے قریب "بوزجان" نامی گاؤں میں ۹۴۵ء میں پیدا ہوا اسی نسبت سے اسے بوزجانی کہا جاتا ہے۔ اس کا گھرانہ تعلیم یافتہ تھا۔۔ علم سے اسے بے حد شغف تھا خاص طور سے ریاضی اور علم ہیئت سے یہی شوق اسے اپنے گاؤں بوزجان سے بغداد کھینچ لایا۔ اس دور میں بغداد مختلف علوم و فنون کا گہوارا بنا ہوا تھا۔ بوزجانی نے یہاں "ابو یحییٰ مادری" اور "ابو العلا ابن کرب" کی شاگردی اختیار کی۔ ریاضی اور ہیئت میں اپنے کمالِ شوق، ذہانت اور محنت کی وجہ سے اس نے بہت جلد مہارت حاصل کر لی اور ایک عظیم سائنسداں کی حیثیت سے مشہور ہوا۔ بغداد کی شاہی رصد گاہ کا اسے ناظم

اعلیٰ مقرر کر دیا گیا۔ جہاں اس نے مسلسل تحقیق کرتے ہوئے چاند کی مختلف حرکات کا مشاہدہ کیا اور ایک نئی حرکت دریافت کی۔ یورپ میں صدیوں بعد چاند کی حرکت پر جو تحقیقات ہوئیں اس کی بنیاد بوز جانی ہی نے رکھی تھی۔

بوز جانی نے الجبرا اور جیومیٹری کے بہت سے نئے قواعد اور اُصول وضع کیے جس کی وجہ سے بہت سے مسائل بہ آسانی حل ہو گئے۔ بوز جانی کا اہم کارنامہ یہ ہے کہ اس نے زاویوں کے جیب (Sine) جاننے کا ایک نیا اصول دریافت کیا۔ اس کی مدد سے اس نے ایک درجے سے لے کر ۹۰ درجے تک کے تمام زاویوں کے جیوب کی صحیح صحیح قیمتیں آٹھ درجہ اعشاریہ تک نکالیں۔ اس سے پیشتر ان کی قیمتیں اتنے درجے اعشاریہ تک نہیں نکالی جاسکتی تھیں۔

اس عظیم سائنسداں نے ریاضی ہیئت اور دوسرے موضوعات پر بے شمار کتابیں لکھیں۔ اس کے علاوہ اس نے کئی یونانی کتابوں کا عربی میں ترجمہ کیا اور ان کی شرحیں بھی لکھیں۔ "علم الحساب" اور "کتابِ علم ہندسہ" اس کی بہت ہی مشہور کتابیں ہیں۔ سائنس کی دُنیا میں ساری عمر بے شمار کارنامہ انجام دینے کے بعد ۱۰۲۱ء میں یہ عظیم سائنسداں خالقِ حقیقی سے جاملا۔

الخوارزمی (ماہر ریاضیات)

عباسی خلیفہ مامون الرشید کا دور خلافت ہے۔ مامون الرشید کا علمی دور ترقیات کا بہترین دور مانا جاتا ہے۔ خاص طور سے سائنسی علوم کے لیے بغداد شہر پر علم و حکمت کی بارش ہو رہی ہے خاص طور سے "بیت الحکمت پر"۔ بیت الحکمت خلیفہ مامون نے ہی قائم کروایا تھا۔ جہاں اسلامی دُنیا کے بہترین دماغ دن رات تحقیق و تجربات میں مصروف رہتے تھے اور اس وقت اس کی وہی حیثیت تھی جو فی الحال لندن کی سائنس کی "رائل سوسائٹی'

'کی ہے۔ اور اس زمانے میں "بیت الحکمت" میں شمولیت جُوئے شیر لانے کے برابر تھی۔

ایک دفعہ بیت الحکمت میں ذہین ترین علماء و فضلاء کی مجلس سجی ہوئی تھی۔ ہر کوئی باری باری مختلف علوم و فنون پر اپنے خیالات کا اظہار کر رہا تھا کہ کچھ وقفے کے بعد علم ریاضی پر ایک مقالہ پڑھا گیا۔ جسے سُن کر نہ صرف مجلس نشین اعلیٰ دماغ علماء مبہوت رہ گئے بلکہ بیت الحکمت میں کھلبلی مچ گئی۔ فوراً مقالہ نویس کو طلب کر کے ذہین ترین علماء کے بورڈ کے سامنے پیش کیا گیا۔ جہاں مقالہ نویس نے نہ صرف اُن کے سوالات کا صحیح صحیح جواب دیا بلکہ اپنی حاضر جوابی اور ذہانت سے اُنہیں بے حد متاثر کیا۔ چنانچہ اس کی قابلیت کا اعتراف کرتے ہوئے اسے بیت الحکمت کی رُکنیت دے دی گئی۔ یہ شخصیت جس نے علم ریاضی پر تحقیقی مقالہ لکھا کوئی اور نہیں خوارزم کا رہنے والا نہایت ہی غریب خاندان کا چشم و چراغ "محمد بن موسیٰ خوارزمی" تھا۔

محمد بن موسیٰ خوارزمی نے ۷۸۰ھ میں خوارزم کے انتہائی غریب گھرانے میں آنکھ کھولی شروع ہی سے اسے مطالعہ کا شوق تھا۔ فنی کتابوں کو وہ اوّلین ترجیح دیتا تھا۔ عمر کے ساتھ ساتھ یہ شوق بھی پروان چڑھتا گیا۔ مگر ہنوز تشنگی باقی تھی۔ اور جب بغداد میں ہر طرف علم و فن کے میٹھے چشمے بہنے لگے تو ان چشموں سے سیر اب ہونے کے لیے خوارزمی بھی یہاں چلا آیا اور برسوں گمنامی کی زندگی گزاری مگر اس دوران بھی وہ مسلسل مطالعہ اور تحقیق میں مصروف رہا اور مسلسل کوشش میں لگا رہا کہ کس طرح بیت الحکمت کی رُکنیت حاصل کی جائے۔ آخر کار اس کی جہدِ مسلسل رنگ لائی اور ریاضی پر ایک تحقیقی مقالہ لکھ کر اس نے بیت الحکمت میں اپنی شمولیت کا استحقاق ثابت کر دیا۔

اب خوارزمی گمنام نہیں تھا۔ بلکہ اس کی ذہانت اور قابلیت کا شہرہ دربار خلافت تک جا پہنچا۔ خلیفہ نے اسے معتمد خاص اور اپنا منظورِ نظر بنا لیا۔ اور اسکی صلاحیت کو دیکھتے

ہوئے اُسے یونانی کتابوں کو اکٹھا کرنے اور ان کا ترجمہ کرنے کا کام سونپ دیا جسے اس نے بہ حسن خوبی انجام دیا۔ خلیفہ مامون ہی کی فرمائش پر اس نے "علم الحساب "اور "الجبر و المقابلہ "نامی کتابیں لکھیں جن کے تراجم مختلف زبانوں میں ہوئے۔ جن میں ریاضی کے اہم نکات اور نئے قوائد واصول پر بحث کی گئی ہے۔ الجبر و المقابلہ میں الجبرا کے بنیادی علوم سے بحث کی گئی ہے۔ اس میں اس نے مختلف مساوات، تقسیمی مسائل کے قوانین منضبط کئے ہیں۔ اسی کتاب سے اسے الجبرا کا موجد تسلیم کر لیا گیا اور آج تک اس کے دریافت کردہ الجبرا کے قاعدے اور قوانین اسکولوں میں پڑھائے جاتے ہیں۔

خوارزمی نے نہ صرف صفر کا ریاضی میں دُرست استعمال کیا بلکہ ایک سے لے کر نو تک ہندسوں کا الگ الگ استعمال کیا۔ اس کے علاوہ اس نے فلکیات، نجومیات پر بھی طبع آزمائی کی مگر ریاضی داں کی حیثیت سے وہ جانا پہچانا جاتا ہے۔ مقالہ لکھنے کا طریقہ اسی نے ایجاد کیا۔ یہی طریقہ آج بھی دُنیا بھر کی یونیورسٹیوں میں ڈاکٹریٹ کی ڈگری حاصل کے لیے رائج ہے۔

خوارزمی نے "علم الحساب "کے علاوہ "کتاب التاریخ "، "صورت الارض "، "کتاب العمل الاصطرلاب "اور "کتاب الاصطرلاب " بھی لکھی ہیں جو بالترتیب تاریخ، جغرافیہ اور فلکیات کے مضامین سے متعلق ہیں۔ اس کے علاوہ اس نے افلاک اور کرہ ارض کے نقشوں کی ایک اٹلس بھی تیار کی جس کی وجہ سے اسے مسلم جغرافیہ دانوں میں ایک اہم مقام حاصل ہے۔ اس کے لیے نہ صرف اسلامی دُنیا بلکہ اہل یورپ بھی اس کے شکر گزار رہیں۔

البیرونی (ماہر نجوم)

ہندوستان کی سرزمین پر ایک سیاح آیا۔ اس نے یہاں کے رسم ورواج کا بغور مطالعہ

کیا۔ یہاں کے علوم سیکھے اور ایک کتاب "کتاب الہند" لکھ ڈالی۔ ہندوستان میں قیام کے دوران اس کا سابقہ یہاں کے عالموں سے پڑا جو اس سے بے انتہا متاثر ہوئے اور اس غیر ملکی سیّاح کو انہوں نے "علم کا دریا" کا خطاب دیا۔ یہ علم کا دریا ریاضی، فلکیات، معدنیات، علم طبقات الارض، ہیئت ادویہ، طب سائنس کے علاوہ سیاحت کے جواہر کا مخزن تھا۔ اسے دُنیا "البیرونی" کے نام سے جانتی ہے۔ اس کا نام ابوریحان البیرونی اور باپ کا نام احمد تھا۔ اس کی پیدائش ایران کے شہر خوارزم کے ایک گاؤں میں ۹۷۳ء میں ہوئی۔ اس زمانے میں خوارزم علم وفن کا عظیم مرکز تھا اور دُور دُور سے لوگ علم حاصل کرنے یہاں آتے تھے۔ اہل خوارزم باہر سے آنے والوں کو البیرونی یعنی "باہر کا رہنے والا" پُکارتے تھے اسی نسبت سے ابوریحان محمد بن احمد بھی البیرونی کہلایا۔

البیرونی نسلاً ایرانی تھا اور اس کی مادری زبان فارسی تھی۔ مگر اس نے عربی سیکھ کر اس میں مہارت حاصل کر لی اور اس کی اکثر کتابیں عربی زبان میں لکھی گئی ہیں۔ البیرونی نے جب عملی زندگی میں قدم رکھا تو اس وقت وہاں کا "بادشاہ محمد بن احمد" تھا۔ اس کا چچا زاد بھائی "منصور بن علی" جو عالم اور فاضل ہونے کے ساتھ سائنس اور ریاضی سے خاص لگاؤ رکھتا تھا۔ البیرونی نے اس کی شاگردی اختیار کی اور کم و بیش ۲۳، برس اس کی صحبت میں گزارے۔ مگر جب وہاں کے سیاسی حالات بگڑے تو البیرونی پریشانی کے عالم میں وہاں سے نکل کر جرجان اور طبرستان کے حکمراں قابوس کے پاس چلا گیا۔ جہاں اس نے سلطان ہی کے نام "آثار الباقیہ" لکھی۔ اس کتاب میں اس نے اپنی ایک سو چودہ کتابوں کا ذکر کیا ہے۔ جن میں ہندسہ، ہیئت، ریاضی، فلکیات، ارضیات، اور دواؤں کے خواص کا علم شامل ہے۔

خورازم کو جب محمود غزنوی نے فتح کیا تو یہ محمود غزنوی سے وابستہ ہو گیا۔ محمود

غزنوی نے اس کی سائنسی دلچسپیوں کو دیکھتے ہوئے ایک رصد گاہ تعمیر کروادی جہاں وہ فلکی مشاہدے کیا کرتا تھا۔ سُلطان محمود کے بعد اس کا لڑکا مسعود غزنوی تخت پر بیٹھا تو اس نے بھی البیرونی کی قدر دانی کی۔ البیرونی نے علم ہیئت کے موضوع پر ایک جامع کتاب "القانون المسعودی" نیز کتاب "الزیج المسعودی" اسی کے نام سے موسوم کردی جو آج بھی ہیئت کے موضوع پر ایک عظیم کتاب سمجھی جاتی ہے۔ اس کے علاوہ اس کی کتابیں "الجواہر فی جواہر"، "کتاب الصیدلہ"، "تفہیم الاوائل ضاعتہ التنجیم" بھی قابلِ ذکر ہیں جو بالترتیب جواہرات، طب اور ہیئت کے موضوعات پر مبنی ہیں۔ البیرونی کے اہم سائنسی کارناموں میں عرض البلد اور طول البلد کا معلوم کرنا اور "دُنیا میں پہلی بار قدرتی چشموں کے بارے میں ثابت کرنا کہ وہ زمین کے نیچے پانی میں برقی کیمیائی عمل کے زور سے اُبھرتے ہیں"، شامل ہیں۔ اس کے علاوہ البیرونی نے سمندر اور زمین کی گہرائی معلوم کرنے کا طریقہ بھی بتایا۔ البیرونی کی کتابوں کے ترجمے نہ صرف مشرقی بلکہ مغربی زبانوں میں بھی ہوئے اور انتقال ۱۰۴۸ء میں ہوا۔

الخرقی

الخرقی محمد بن احمد بن ابی بشر ابو بکر بہاؤ الدّین مشہور فلسفی اور ہیئت داں تھے۔ قطب الدّین محمد خوازم شاہ انہیں اپنے ساتھ 'مرو' لیکر آیا اور یہیں ان کی تصنیفی زندگی شروع ہوئی علم ہیئت میں انہیں بے حد دلچسپی تھی۔ اور اس علم میں وہ ابن ہیثم کے نظریوں کے متبّع تھے۔ انکی علم ہیئت پر دو مشہور کتابیں ہیں۔ ایک "تبصرہ فی علم الہیئت" اور دوسری "منہتی الادراک فی تفہیم الافلاک" ہے۔ ان کا انتقال ۱۱۳۸ء میں "مرو" ہی میں ہوا۔

ابن خاتمہ

ابن خاتمہ کا زمانہ ۱۴ ،ویں صدی عیسوی کا ہے۔ انہوں نے طاعون پر ایک کتاب لکھی ہے۔ وہ کہتے ہیں کے میرے طویل تجربے کا نتیجہ ہے اگر کوئی شخص کسی مریض سے مس و ربط پیدا کرتا ہے تو یہ طاعون فی الفور اس کو عارض ہو جاتا ہے اور اس میں طاعون کی علامتیں ظاہر ہونے لگتی ہیں اگر پہلے مریض کے بلغم میں خون خارج ہو گا تو دوسرے کی کیفیت بھی یہی ہو گی۔ اگر پہلے مریض کے جسم میں گلٹیاں نمودار ہونگی تو دوسرے کو بھی انہیں مقامات پر گلٹیاں نکلیں گی۔

القوشجی

علی بن محمد القوسجی مشہور ہیئت داں تھے۔ انکا زمانہ پندرھویں صدی عیسوی کا ہے۔ انہوں نے سمر قند میں تعلیم پائی اور پھر وہاں سے کرمان چلے گئے۔ یہاں نصیر الدّین طوسی کی کتاب "تجرید الکلام" کی شرح لکھی دوبارہ سمر قند واپس آکر اُلغ بیگ کے نام پر ایک زیج تیار کی۔ یہاں سے تبریز گئے یہاں انہیں فرمانروائے ترکی "محمد ثانی" کے پاس ایلچی بنا کر بھیج دیا گیا۔ محمد ثانی نے انہیں "آیا صوفیا" کا پروفیسر بنا دیا۔ یہیں انہوں نے عربی اور فارسی زبان میں ہیئت پر مختلف رسائل لکھے۔ ان کا انتقال ۱۴۷۴ء میں ہوا۔

بدیع الاسطر لابی (ماہر اسطر لاب)

بدیع الاسطر لابی، طبیب، شاعر اور ہیئت داں تھے۔ اسطر لاب (Astrolab) اور دوسرے آلات فلکی کے ماہر تھے۔ انہوں نے عمر کا کچھ حصّہ اصفہان میں گزارا پھر بغداد چلے گئے۔ انہوں نے سلجوق سلطان کے نام پر ایک "زیج" بھی تیار کی تھی۔ بدیع الاسطر لابی کو شاعری میں بھی ملکہ حاصل تھا۔ انہوں نے ابنِ حجاج کا بھی ایک دیوان مرتّب کیا تھا جسکا نام "دُرّہ التاج مِن شعر ابنِ حجاج" تھا۔ ان کا انتقال بغداد میں ۱۱۳۹ء میں ہوا۔

الخازن

الخازن ابو جعفر الخراسان اپنے زمانے کے مشہور فلاسفر، ریاضی داں اور ماہر فلکیات تھے۔ ان علوم کے علاوہ انہیں علمِ نجوم میں بھی مکمل دسترس تھی۔ ان کی ولادت ۹۶۰ء میں ہوئی۔ الخازن رکن الدولہ کے وزیر ابوالفضل ابن الحمید کی رصد گاہ کے مہتمم تھے۔ انہوں نے اقلیدس کے دسویں حصّہ کی شرح لکھی اور حساب میں مساوات مکعب کے مسئلے کو حل کیا۔ آلات رصد پر ان کی کتاب "کتاب الآلات العجیبتہ الرصدیہ" ہے۔ اس کے علاوہ ہیئت پر ان کی کتاب "زیج الصفائح" ہے۔

البتّانی

"البتّانی ابو عبداللہ محمد بن جابر بن سنّان البتّانی الصابی" عرب کے بڑے زبردست ہیئت داں تھے۔ البتّانی کا خاندان صابی المذہب تھا۔ مگر یہ خود مسلمان ہو گئے تھے۔ ان کی ولادت ۸۵۸ء میں ہوئی اور وفات ۹۲۹ء میں ہوئی۔ ان کا پورانام "انہوں نے ساری عمر مطالعہ اور تصنیف میں گزاری۔ ان کی مشہور تصنیفات "کتاب المعرفتہ مطالعہ البروج فی مابین ارباع الفلک"، رسالتہ فی تحقیق اقدار الاتصالات شرح المقالات الاربع البطلاموس "ہیں۔

الکاشی

الکاشی جمشید بن مسعود بن محمود غیاث الدین ایرانی النسل تھے۔ یہ اپنے زمانے کے مشہور ماہر فلکیات تھے۔ یہ نہ صرف علم فلکیات بلکہ ہیئت، ریاضی اور طب کے علم میں بھی دسترس رکھتے تھے۔ الغ بیگ کی رصد گاہ کے سب سے پہلے مہتمم تھے۔

انہوں نے ہیئت کے متعدد نقشے تیار کیے۔ ان کا انتقال ۱۴۳۶ء میں ہوا۔

مشہور تصانیف: زیج الخاقانی، مفتاح الحساب، الرسالتہ الکمالیہ اور رسالہ فی استخراج جیب درجہ واحدہ "ہیں۔

سُلیمان المہری

سُلیمان المہری فن جہاز رانی میں مشہور تھے۔ یہ سمندروں کے راستے سے اتنا واقفیت رکھتے تھے کہ لوگ انہیں "معلم الابحار" کہتے تھے۔ ان کا زمانہ نویں صدی ہجری کا ہے۔ ان کی کئی مشہور تصانیف ہیں جن میں "تحفتہ الفحول" بہت مشہور ہے۔ جس میں سیاروں کی سمت و رفتار کے پیش نظر جہاز رانی کے اصول بتائے گئے ہیں۔ اس کے علاوہ "قلاوۃ الشموس واستخراج قوائدا الُسُوس" بھی ہے جس میں مختلف زمانوں کی تقویم پر روشنی ڈالی گئی ہے۔

قطب الدّین شیرازی

قطب الدّین شیرازی محمود بن مصلح کی ولادت شیراز میں ۱۲۳۶ء میں ہوئی۔ یہ علم ہیئت، طب اور فلسفہ میں مہارت رکھتے تھے۔ مختلف علوم میں مہارت کی بنا پر لوگ انہیں "ابو الفداء متفنن" کے نام سے پکارتے تھے۔ علم ہیئت میں نصیر الدّین طوسی کی شاگردی اختیار کی اور علم طب میں بو علی سینا کی کتابوں سے استفادہ کیا الک خاندانی دور میں یہ سیواس کے قاضی مقرر ہوئے اور اس وقت کی سیاست میں حصّہ لیا۔ ان کی تصانیف میں فتح المنان، مشکلات القرآن، "نہایت الادراک فی درایت الافلاک" اور التحفتہ الشاہیہ فی الہیئت ہیں۔

عبد اللہ خوارزمی

ابو عبد اللہ خوارزمی محمد بن احمد بن یوسف بلخ میں پیدا ہوئے۔ ان کا زمانہ چوتھی صدی ہجری کا ہے۔ انہیں علم الحیل (MECHANIC) طب، فلسفہ، موسیقی، ہیئت اور علم الکیمیا میں مہارت حاصل تھی۔ یہ مسلمانوں میں پہلے شخص تھے جنہوں نے دائرہ المعارف قسم کی ایک کتاب" مفتاح العلوم" لکھی۔ کتاب کے پہلے حصّے کے مقالات

شریعت، فقہ، عروض و تاریخ سے متعلق ہیں۔ جب کہ دوسرے حصّے کے مقالات، منطق، فلسفہ، طب، حساب، موسیقی، علم الحیل اور علم الکیمیا سے متعلق ہیں۔

ابو جعفر

ابو جعفر محمد بن موسیٰ شاکر کو علم کیمیا(Chemistry) اور طبیعات(Physics) سے بے حد شغف تھا۔ ان کی ولادت ۸۷۲ء میں ہوئی۔ انہوں نے ایک کیمیائی ترازو ایجاد کیا تھا۔ اس ترازو میں یہ خوبی تھی کہ کم سے کم مقدار کا صحیح وزن اس کے ذریعے معلوم ہو جاتا تھا۔ یہ ترازو دھیرے دھیرے جواہرات اور قیمتی دواؤں کے صحیح وزن معلوم کرنے میں استعمال ہونے لگا۔ اور آج بھی یہ ترازو ہر سائنس روم میں استعمال کیا جاتا ہے۔

احمد عبد اللہ حاسب

احمد عبد اللہ حاسب کی پیدائش ۸۳۰ء میں ہوئی۔ انہیں جیومیٹری کے علم میں ملکہ حاصل تھا۔ انہوں نے علم مثلث اور جیوب کے طریقوں کی دریافت پر کافی محنت کر کے ان کے زاویے اور فصل کے بارے میں بتایا۔ انھوں نے ہی "TRIGNOMETRICAL TABLE" بھی بڑی تحقیق کے بعد مرتب کیا جو آج بھی فن انجینیئرنگ میں بنیادی طور پر کام آرہا ہے۔

فتح اللہ شیر ازی

فتح اللہ شیر ازی متبحر عالم تھے۔ ان کا زمانہ ۱۶ویں صدی عیسوی کا ہے۔ علم ہیئت، نجوم اور جر ثقیل کے ماہر تھے۔ اس کے علاوہ ادبیات حدیث و تفسیر میں بھی مہارت رکھتے تھے۔ انہوں نے ایک چکّی ایسی ایجاد کی تھی جو خود حرکت کرتی تھی۔ اور ایک ایسا آئینہ بنایا تھا کہ جس میں دور نزدیک سے عجیب و غریب شکلیں نظر آتی تھیں۔

اس کے علاوہ انہوں نے ایک ایسی بندوق بھی بنائی تھی جو ایک گردش میں بارہ فائر

کرتی تھی۔ ان کا انتقال کشمیر میں ۱۵۸۸ء میں ہوا۔

ابنِ یونس

ابنِ یونس ابو الحسن علی بن عبد الرحمن بن احمد بن یونس، عرب کے بہت بڑے ہیئت داں تھے۔ ان کے والد ابو سعید اپنے زمانے کے مشہور مورخ و محدّث تھے۔ ابنِ یونس علم ہیئت کے علاوہ دیگر علوم متداولہ کے ماہر اور شاعر بھی تھے۔ انہوں نے فاطمی خلیفہ، العزیز کے حکم سے "الزیج الکبیر الحاکمی" تیار کی تھی۔ ان کا انتقال قاہرہ میں ۱۰۰۹ء میں ہوا۔

التفاشی

التفاشی شہاب الدّین ابو العباس کو جواہرات سے خاص شغف تھا۔ یہی وجہ ہے کہ انہیں جواہرات کے خواص اور پرکھ میں ملکہ حاصل تھا۔ ان کی مشہور کتاب "اظہار الافکار فی جواہر الاسجار" ہے۔ جس میں جواہرات کی اصلیت، خوبی، نقائص، خصوصیات اور قیمت سے بحث کی گئی ہے۔ ان کا انتقال ۱۲۵۳ء میں ہوا۔

جابر بن افلح

جابر بن افلح مشہور ہیئت داں تھے۔ یہ اشبیلیہ کے رہنے والے تھے۔ ان کی مشہور کتاب "کتاب الہیہ" ہے۔ اس کا دوسرا نام اصلاح المجسطی" ہے۔

ابو علی مہندس

ان کا زمانہ چھٹی صدی ہجری کا ہے۔ یہ علم ہندسہ میں مہارت رکھتے تھے۔

القبیسی

القبیسی ایرانی النسل تھے۔ یہ فلکیات اور نجوم میں مہارت رکھتے تھے۔ ان کی مشہور کتاب "المدخل الی صناعتہ احکام النجوم" ہے۔ ان کا انتقال ۹۶۹ء میں ہوا۔

ابنِ وحشیہ

ابن وحشیہنبطی النسل تھے اور علم کیمیا کے ماہر تھے۔ ان کی اکثر تصانیف بابلی لٹریچر سے ماخوذ تھیں۔

کمال الدّین فارسی

یہ ریاضی، فلکیات اور طب میں مہارت رکھتے تھے۔ انہوں نے بصریات، ریاضی اور فلکیات پر متعدد کتابیں لکھی ہیں۔ ان کا انتقال ۱۳۲۰ء میں ہوا۔

الکرخی

الکرخی ابو بکر محمد بن الحسن عرب کے مشہور ریاضی داں تھے۔ ان کی ریاضی کی دو کتابیں بڑی مشہور ہیں ایک "کافی فی الحساب" اور دوسری "الفخری"۔ ان کی وفات ۱۰۲۹ء میں ہوئی

عبد الرحمن صوفی

عبد الرحمن صوفی ابو الحسن عبد الرحمن بن عمر الصوفی الرازی عرب کے بڑے مشہور منجم اور ہیئت داں تھے۔ ان کی ولادت ۹۰۳۔ء میں مصر میں ہوئی اور فاطمی حکومت سے وابستہ رہے۔ مشہور تصانیف کتاب التذکرہ مطارح الشعاعات، مُدخل فی الاحکام اور رسالہ فی الاسطر لاب ہیں۔ ان کی وفات ۹۸۶۔ء میں ہوئی۔

الخجندی

الخجندی حامد بن الخضر ابو محمد "رے" کے رہنے والے تھے۔ یہ مہندس، ہیئت داں اور فن تعمیر میں مہارت رکھتے تھے۔ انہوں نے رصد بینی کے کئی آلات تیار کیے جس میں ایک کا نام "السُدس الفخری" ہے۔ ان کا انتقال ۱۰۰۰ء میں ہوا۔

الحسن ابن الخضیب

الحسن ابن الخصیب ایرانی النسل تھے۔ یہ اپنے زمانے کے مشہور ہیئت داں تھے۔ ان کا زمانہ تیسری صدی ہجری کا ہے۔

الخیاط

الخیاط یحیٰی بن غالب ابو علی مشہور ہیئت داں تھے۔ انکی مشہور تصانیف "سر العمل "اور۔۔۔"کتاب المو الید"ہیں۔ انکی وفات ۸۲۵ء میں ہوئی۔

ابنِ غانم

ابنِ غانم عزالدّین عبد السلام بن احمد بن المقدسی۔ علم نباتات اور حیوانات کے ماہر تھے۔ ان کی بہت ہی مشہور کتاب "کشف الاسرار عن الحکم الطیور والازہار" ہے۔ ان کی وفات ۱۲۷۹ء میں ہوئی۔

علی بنِ عباس المجوسی

علی ابن عباس المجوسی بلند پایہ حکیم، جراح اور ماہر امراض سرطان تھے۔ یہ پہلے شخص تھے جنہوں نے خون کی غیر مرئی نالیوں کو بیان کیا اس کے علاوہ تپ دق کے غدود کو جراحی سے نکالنے کے گُر اور ولادت کے وقت رحم کی حرکات کو بھی بیان کیا۔ المجوسی نے "کتاب المالکی " نامی طبی انسائیکلوپیڈیا مرتّب کی تھی۔ اس کے آدھے حصّے میں نظریات پیش کیے گیے ہیں اور آدھے حصّے میں ادویات کی معلومات ہے۔ ان کی وفات ۹۹۴ء میں ہوئی۔

ابنِ نفیس

ابنِ نفیس علم طب کے ماہر تھے۔ انہیں نہ صرف علم طب، بلکہ فلسفہ نجوم اور فقہ میں بھی کمال حاصل تھا۔ ریوی دوران خون (Pulmonary blood circulation) کی دریافت ابنِ نفیس کا عظیم کارنامہ ہے۔ اہل مغرب نے اس دریافت کا سہرہ مشہور

سائنسداں ولیم ہاروے کے سر باندھا ہے مگر حقیقت اس کے مختلف ہے۔

ابنِ نفیس کا پورا نام "علاؤالدّین ابو الحسن علی ابن ابی الحزم ابن نفیس" ہے۔ یہ ۱۲۰۸ء میں ملک شام کے ایک قصبہ القرشیہ میں پیدا ہوئے۔ طب کی تعلیم دمشق کے "البیمارستان النوری الکبیرہ" سے حاصل کی اس دوران انہوں نے مشہور ماہر طب 'مہذب الدّین' سے بھی استفادہ کیا۔ تعلیم مکمل ہونے کے بعد یہ دمشق ہی میں رہے عمر کا کافی حصّہ دمشق میں گزارنے کے بعد قاہرہ چلے گئے جہاں بیمارستان الناصری اور بیمارستان القلاون سے منسلک رہے۔ اس کے علاوہ یہاں وہ سلطان الظاہر بیبرس کے ذاتی طبیب بھی رہے۔ قاہرہ میں ابن نفیس کی عمر کا زیادہ تر حصّہ گزرا۔ یہاں ان کا مشغلہ طبابت اور درس وتدریس تھا۔

ابنِ نفیس نے یونانی سائنسداں "جالنیوس" کے سات سو سالہ مفروضے کو کہ خون قلب کے دائیں خانہ سے براہ راست بائیں خانہ میں داخل ہوتا ہے۔ غلط ثابت کیا۔ جالنیوس نے یہاں تک کہا تھا کہ قلب کہ دونوں خانوں کے درمیان کی دیوار میں غیر مرئی سوراخ ہیں جن سے خون گزرتا ہے۔ مگر ابن نفیس نے صاف لفظوں میں لکھا ہے کہ قلب کی یہ دیوار سخت اور ٹھوس گوشت سے بنی ہے اور اس میں کسی قسم کے مرئی اور غیر مرئی کوئی سوراخ نہیں ہیں۔ ابن نفیس اپنے آخری ایام میں کافی بیمار رہے۔ دوا کے طور پر طبیبوں نے تھوڑی سی شراب پینے کا مشورہ دیا۔ مگر ابن نفیس نے یہ کہہ کر انکار کر دیا کہ میں اپنے خالق کے سامنے اپنے جسم میں شراب لے کر نہیں جانا چاہتا۔ ان کا انتقال قاہرہ میں ۱۲۸۸ء میں ہوا۔

ان کی مشہور تصانیف، تشریح القانون، شرح القانون الموجز، علامہ حکیم کبیر الدّین مرحوم نے القانون کی تلخیص "موحر" نیز "موجز" کی شرح القانون کا ترجمہ "کلیات نفیسی

" کے نام سے کیا ہے۔ آزادی سے قبل اور کچھ دنوں بعد تک یہ کتابیں طبیہ کالجوں میں داخل نصاب تھیں۔ کلیاتِ نفیسی قانون میں سب سے زیادہ واضح اور اچھی کتاب سمجھی جاتی ہے اسی لیے ابن سینا کے "القانون" کی جگہ "کلیاتِ نفیسی" داخل نصاب رہی ہے۔

عمر خیام

عمر خیام کا پورا نام "ابوالفتح عمر بن ابراہیم الخیامی" تھا۔ عمر خیام ۱۰۴۸ء میں نیشاپور میں پیدا ہوئے۔ ان کا آبائی پیشہ خیمہ دوزی تھا۔ اسی نسبت سے یہ خیام مشہور ہوئے۔ عمر خیام نے اس وقت نیشاپور میں آنکھیں کھولیں جب اس پر سلجوقیوں کی حکومت تھی، جو علم و حکمت کے بڑے دلدادہ تھے۔

عمر خیام نے نیشاپور میں ہی ابوالحسن زنہاری کی شاگردی اختیار کر لی جنہوں نے انھیں ریاضی، فلسفہ اور علم معیشت کا درس دیا۔ تعلیم مکمل ہونے کے بعد یہاں سے وہ سمرقند چلے گئے۔ جہاں ابو طاہر نامی امیر کی سرپرستی حاصل ہوئی۔ ابو طاہر کی سرپرستی میں عمر خیام نے علم ریاضی پر کام کرنا شروع کر دیا اور تقریباً سات سال کی مسلسل محنت کے بعد انھوں نے اپنی مشہور تصنیف "مقالات فی الجبر و مقابلہ" لکھی۔ اس میں جو نظریات پیش کیے ہیں وہ آج تک کسی نہ کسی صورت میں موجود ہیں۔

سمرقند میں دس برس گزارنے کے بعد وہ اپنے وطن نیشاپور لوٹ آئے۔ اسی دوران یہاں کے حکمران ملک شاہ کا بیٹا بیمار ہوا۔ عمر خیام نے ہی اس کا شافی علاج کیا۔ ملک شاہ نے اسے اپنے یہاں کا شاہی طبیب مقرر کر دیا۔ ملک شاہ نے اصفہان میں ایک رصد گاہ قائم کی جس کا نگراں عمر خیام کو مقرر کر دیا۔ یہیں انھوں نے "تاریخ الجلالی" نامی کیلنڈر تیار کیا۔ جو موجودہ عیسوی کیلنڈر سے بھی زیادہ صحیح ہے۔ عمر خیام کی سب سے نمایاں خدمات الجبرا کے میدان میں رہی۔ "مقالات فی الجبر و مقابلہ" ان کا تاریخی شاہکار

ہے۔ اس کے علاوہ "بائی نومیل تھیورم" (Binomial Theorum) پیش کیا اور مابعد الطبیعیات پر بھی تین کتابیں لکھی ہیں۔ مغرب نے عمر خیام کو ایک حکیم اور فلسفی کی بجائے صرف خمریات کے شاعر کی حیثیت سے نمایاں کیا ہے۔ ان کا یہی وطیرہ دوسرے مسلمان حکماء کے بارے میں بھی رہا ہے۔ ان کی رباعیات کو Idward Fitzgerald نے انگریزی میں ترجمہ کر کے عالمگیریت بخش دی ہے لیکن اس ترجمہ میں حکمت، فلسفہ اور تصوف کو نظر انداز کرتے ہوئے صرف شباب اور سرمستی کو نمایاں کیا گیا ہے۔ اس کے باوجود اس کا ترجمہ اتنا جامع اور قابل تعریف ہے کہ کلاسیکی ادب میں آج تک شامل ہے۔ اردو میں کئی شاعروں نے ان کی رباعیات کے ترجمے کیے ہیں۔ ایک رباعی کا ترجمہ ملاحظہ ہو۔

اسرار دل نہ تجھ کو، مجھ کو معلوم
اس راز کو حل کرنے سے دونوں محروم
یہ گفت وشنید تجھ سے پردہ میں ہے
پردہ اٹھے تو دونوں ہوں گے معدوم

عمر خیام کا انتقال ۸۳ سال کی عمر میں ۱۱۳۱ء میں ہوا۔ انھیں نیشاپور میں ہی دفن کیا گیا۔

عطارد الکاتب

عطارد الکاتب بہترین خوش نویس تھا۔ یہی وجہ ہیکہ اس کے نام کے ساتھ لفظ "کاتب" جڑ گیا۔ ورنہ اس کی دلچسپی معدنیات سے تھی۔ اس کا زمانہ مامون الرشید کا زمانہ تھا۔ (۸۳۲ء) اس نے قسم قسم کے پتھروں کے نمونے جمع کیے اور ان پر تحقیق کر کے ان کی ماہیت، اثرات اور خصوصیات کا پتہ لگایا۔ اس طرح اس کا گھر معدنیات کا عجائب

خانہ بن گیا۔ عطارد الکاتب نے اپنے تجربات کو ایک کتابی شکل دی جو علم معدنیات پر پہلی اور سب سے مستند سمجھی جاتی ہے۔

حرانی

ثابت بن قرۃ حرانی علم ہیئت، ریاضی اور علم طب میں ماہر تھا۔ علم طب کی شاخ خاص طور سے تشریح البدن (Anatomy) میں اسے ملکہ حاصل تھا۔ حرانی دراصل حران کا باشندہ تھا۔ اس کا خاندان علمی تھا۔ ان کا آبائی پیشہ صرّافی تھا۔ مگر اسے علم طب میں خاصی دلچسپی تھی۔ حرانی محمد بن موسیٰ شاکر کے ساتھ بغداد آیا اور یہاں ان دونوں نے مل کر نہایت ہی محنت سے بیت الحکمۃ کے طرز پر ایک علمی ادارہ قائم کیا۔ حکومت کی طرف سے علم ہیئت کے شعبے کے نگراں مقرر ہوئے اور پھر انہوں نے نئے نئے انکشافات کئے۔ ان کا زمانہ ۹۰۱ء کا ہے۔

یحییٰ منصور

یحییٰ منصور نہایت مشہور ریاضی داں، ہیئت داں اور منجم تھا۔ یہ مامون الرشید کے دربار سے وابستہ رہا (۸۳۳ء)۔ یحییٰ منصور تعلیم یافتہ خاندان کا چشم و چراغ تھا۔ اس کے والد بھی علم ہیئت کے ماہر تھے۔ مامون الرشید کے عہد میں شماسہ اور دمشق میں دو رصد گاہیں تعمیر کی گئی تھیں۔ یحییٰ منصور اس جماعت کا صدر اور منتظم تھا۔ جو ان رصد گاہوں کے انتظام کے لیے بنائی گئی تھیں۔ انہیں رصد گاہوں میں جس میں سعید الجوہری کا نام قابل ذکر ہے۔ یحییٰ منصور اور ماہرین کی جماعت نے فلکیات کے مشاہدے و مطالعے سے چاند اور دیگر سیاروں کے متعلق نئی نئی دریافتیں کیں۔ ستاروں کے متعلق ایک زیچ تیار کی جو "زیچ مامونی" کے نام سے مشہور ہے۔ یہ زیچ فلکیات سے متعلق پہلی کتاب تھی۔

سجستانی

احمد

بن محمد سبجستانی، علم ہیئت اور ریاضی کا ماہر تھا۔ یہ زمین کی گردش کے نظریے کو پیش کرنے والا پہلا سائنسداں تھا۔ اس کی ولادت ۹۵۱ء میں سبجستان میں ہوئی۔ اس کا عظیم کارنامہ گردشِ زمین کا نظریہ پیش کرنا اور علم ہندسہ میں قطع مخروطی (Conic Section) کے طریقے کو دریافت کرنا ہے۔ اس کا انتقال ۷۳ سال کی عمر میں ۱۰۲۴ء میں ہوا۔

عُریب قرطبی

عُریب قرطبی اعلیٰ دماغ طبیب، مفکر، مورخ اور علم نباتات کا ماہر تھا۔ اس کا زمانہ ۹۷۶ء کا ہے۔ فنِ طب میں اس کا خاص موضوع عورتوں کے امراض (Gynaecology)اور دایہ گیری (Obstetric) تھا۔ اسی نے تربیت یافتہ دایہ کا نصاب مرتّب کر کے ان کی تعلیم و تربیت کا انتظام کیا۔ جنین اور اس کی حفاظت پر بھی اس نے تحقیقات اور تجربات کیے۔ عریب قرطبی کا تعلق قرطبہ سے تھا۔ تعلیم و تربیت یہیں ہوئی اور مسلسل مطالعے اور تحقیقات سے اس نے بہت سارے تجربات حاصل کیے جسے اس نے اپنی ڈائری میں نوٹ کیے۔ اس کے علاوہ اس نے علم نباتات اور اندلس کی تاریخ پر بھی کتابیں لکھیں۔

الہروی

ابو منصور موفق بن علی ہروی 'ہرات 'کا باشندہ تھا (۹۶۱ء)۔ وہ مشہور سائنسداں، فن طب اور علم نباتات کا ماہر تھا۔ ہرات ہی میں تعلیم مکمل کی اور پھر مطالعے، مشاہدے، اور تحقیقات میں مصروف ہو گیا۔ ہروی نے علم الادویہ پر بے انتہا محنت کر کے نئے نئے پودے اور جڑی بوٹیاں دریافت کیں۔ اسی نے نامیاتی غیر نامیاتی ادویہ، معدنی، نباتاتی اور

حیوانی ادویہ کے بارے میں تفصیل سے تذکرہ اپنی مشہور کتاب 'حقائق الادویہ' میں کیا جس میں ان کی اصلیت، خواص، اثرات اور نفع و نقصان سے بحث کی گئی ہے۔

بنانی

ابو عبید اللہ محمد بن جابر البنانی علم ہیئت اور ریاضی کا ماہر تھا۔ جابر البنانی کا زمانہ (۹۲۹ء) ہے۔ یہ حران کا باشندہ تھا۔ ابتدائی تعلیم اپنے والد سے پائی اور وہاں سے ہجرت کر کے بغداد چلا گیا۔ جابر البنانی نے اپنی تحقیقات کا مرکز سورج، زمین، چاند اور تاروں کو بنایا۔ اس نے زمین کی گردش اور سورج کی رفتار سے متعلق تحقیقات کیں۔ جس کے نظریات کی کوپرنیکس نے تصدیق کی۔ جابر البنانی نے ہی بتایا کہ سورج کی گزر گاہ کا جھکاؤ ۲۳ء۵ نہیں بلکہ ۲۳ درجے اور ۳۵ منٹ ہے اسی نے ثابت کیا کہ سورج کے گرد زمین جس مدار پر گھومتی ہے وہ دائرہ کی طرح گول نہیں بلکہ بیضوی شکل کا ہے۔ جابر البنانی نے ایک زیچ تیار کی جسے 'زیچ البنانی' کہتے ہیں۔ جس کا ترجمہ لاطینی زبان میں ہو چکا ہے۔

ابوالحسن نسوی

ابوالحسن علی احمد نسوی ۱۰۳۰ء میں نسا (خراسان) میں پیدا ہوئے۔ ان کا اہم کارنامہ وقت کی پیمائش کے آسان اور نئے طریقے کی دریافت ہے۔ اعشاریہ کی ایجاد ان ہی کا کمال ہے۔ ان کی مشہور تصنیف "عملی حساب" ہے۔

عمّار

ابو

القاسم عمّار بن علی الموصلی عرب کے مشہور ماہر بصریات (Ophthalmologist) تھے۔ یہ علی بن عیسیٰ ماہر بصریات کے ہم عصر تھے۔ ان کا زمانہ چوتھی صدی ہجری کا ہے۔ انہوں نے خراسان، مصر، فلسطین وغیرہ کی سیاحتیں کی

اور مختلف آنکھوں کے آپریشن کیے۔ خاص طور سے موتیابند (Cataract) کے۔ ان کی تصنیف "کتاب المنتخب فی علاج العین" بہت ہی جامع ہے جس میں موتیابند کے متعلق بحث کی گئی ہے۔

علی بن عیسیٰ

علی بن عیسیٰ ماہر چشم (Ophthalmologist) تھا۔ اسی نے مسلسل آنکھوں پر تحقیقات اور تجربات کر کے ان کی ساخت، امراض، اور ادویہ کے بارے میں مفصل معلومات فراہم کیں۔ اس کی ولادت بغداد میں ۱۰۳۱ء میں ہوئی۔ اس کی نہایت مشہور کتاب "تذکرۃ الکحلین" ہے جو تین جلدوں پر مبسوط ہے۔ پہلی جلد میں آنکھوں کی ساخت اور منافع سے بحث ہے۔ دوسری جلد میں آنکھوں کے امراض اور علاج سے بحث ہے۔ جب کہ تیسری جلد میں آنکھوں کے اندرونی حصّے کے امراض سے بحث ہے۔ یہ کتاب ایک مکمل انسائیکلوپیڈیا کا درجہ رکھتی ہے۔ جس کا ترجمہ جرمنی, لاطینی، فرانسیسی وغیرہ زبانوں میں ہو چکا ہے۔

اسفرازی

ابو حاتم مظفر اسفرازی علم طبیعات کی شاخ میکانیکس (Mechanics)، دھات اور علم ریاضی کا ماہر تھا۔ اس کا زمانہ (۱۰۶۷ء) کا ہے۔ اسی نے قیمتی دھاتوں کا صحیح صحیح وزن کرنے کا طریقہ دریافت کیا اور اس کے علاوہ ایک ایسا ترازو بھی ایجاد کیا جس سے سونا اور دیگر قیمتی دھاتوں میں ملاوٹ کا صحیح پتہ چل جاتا تھا۔ عمر خیام نے ملک شاہ سلجوقی کے عہد میں اصفہان میں ایک بہترین رصد گاہ تعمیر کروائی تھی اس رصد گاہ کی نگرانی اور انتظام کے لیے ایک جماعت مقرر کی گئی تھی۔ اسفرازی ان میں سے ایک تھا۔ اس کی ایجاد سے اہل یورپ نے خوب استفادہ کیا۔ ترازو میں تو انہوں نے کوئی تبدیلی نہیں کی مگر

اصطلاحات بدل دیئے اوقیہ، اونس، ہو گیا جب کہ درہم، ڈرام بن گیا۔

بغدادی

ہبت اللہ ابو البرکات بغدادی، طبیب، مفکر، علم الارض (Geology) اور جغرافیہ کا ماہر تھا۔ اس کے علاوہ پانی کے بارے میں اس نے اس کے منبع وصف، تغیر اور خصوصیات پر بے شمار معلومات فراہم کیں۔ اس کی ولادت بغداد میں ۱۰۶۵ء میں ہوئی۔ محمد بن ملک شاہ کے دربار سے برسوں بحیثیت طبیب وابستہ رہے۔ ان کی نہایت ہی مشہور کتاب "کتاب المعتبر" ہے۔ جو مختلف علمی مباحث پر مستند سمجھی جاتی ہے۔ ان کا انتقال ۹۰ سال کی عمر میں ۱۱۵۵ء میں ہوا۔

حکیم اجمل خان

(مسیح الملک)

حکیم اجمل خان ۱۸۶۴ء میں دہلی میں پیدا ہوئے۔ بیسویں صدی کے مشہور و معروف حکیم اور طبی محقق تھے۔ عربی اور فارسی کے علاوہ آپ نے بیس سال کی عمر میں فلسفہ، طبیعات، حدیث، تفسیر قرآن مجید اور طب یونانی کا گہرا مطالعہ کر کے ان میں مہارت حاصل کر لی۔ یہاں تک کہ آپ کی مہارت کی شہرت کا ڈنکا ساری دنیا میں بجنے لگا۔ ان کی مہارت کا ایک دلچسپ واقعہ یہ ہے۔

" فرانس کے شہر پیرس میں ایک خاتون کے پیروں میں تشنج کے باعث کھنچاؤ اور پیٹ میں شدید درد اٹھنے لگا۔ پیرس کے ڈاکٹر اس خاتون کے مرض کو سمجھنے میں ناکام رہے۔ یہاں تک کہ ہر قسم کے ٹیسٹ بھی کیے گئے۔ وہاں کے ڈاکٹروں کے سامنے جب طب یونانی کا ذکر کیا گیا تو انھوں نے اس کا مذاق اڑایا۔ مگر حکیم اجمل خان نے اس خاتون کے کیس کو ایک چیلنج کی طرح قبول کیا اور تشخیص کر کے اس کا شافی علاج کیا۔ حکیم

صاحب نے اس خاتون کے مشاغل کے بارے میں دریافت کرنا شروع کیا۔ اس نے بتایا کہ وہ ٹینس کھیلتی ہے اور گھوڑ سواری کی شوقین ہے۔ یہ سن کر حکیم صاحب نے تھوڑی دیر غور کیا اور ایک دوا تجویز کی اور کہا کہ اس دوا کو روزانہ صبح مکھن کے ساتھ استعمال کریں۔ دو ہفتوں میں ہی وہ خاتون شفایاب ہو گئیں۔

حکیم صاحب مغربی طب (Allopathy) کی خوبیاں اپنانے کا مشورہ دیا کرتے تھے۔ خاص طور سے جراحت کا۔ ۱۹۲۶ء میں حکیم اجمل خان نے آیوروید ک اور یونانی دواؤں پر تحقیقات کے لیے ایک ادارہ بنام "مجلس تحقیقات علمی" کی داغ بیل ڈالی۔ حکیم صاحب اور ان کے رفقائے کار نے مل کر علی گڑھ میں ایک اسلامی یونیورسٹی "جامعہ ملیہ" کی بنیاد ڈالی۔ جسے بعد میں دہلی منتقل کر دیا گیا۔ حکیم صاحب اس کے پہلے وائس چانسلر مقرر کیے گئے۔ آپ نے محسوس کر لیا تھا کہ انگریزی حکومت دیسی طریقۂ علاج کو ختم کرنے کے درپے ہے۔ یونانی اور آیوروید ک میں تحقیق کا ذوق، اسکی باقاعدہ اور باضابطہ تعلیم کا نہ ہونا بھی اس خدشہ کی تقویت کا سبب بنا۔ اس خلاء کو پورا کرنے کے لیے آپ نے دہلی میں ایک آیوروید ک اور یونانی کالج کی بنیاد ڈالی۔ غریبوں کی امداد کے لیے اپنا دواخانہ جو "ہندوستانی دواخانہ" کے نام سے مشہور تھا، غریبوں کے لیے وقف کر دیا۔ افسوس کہ آزادی کے بعد حکومت ہند نے نہ صرف جامعہ ملیہ کا اسلامی کیریکٹر ختم کر دیا بلکہ آیوروید ک اور طبی کالج کو بھی آیوروید ک کے لیے مخصوص کرنے کی کوشش شروع کر دی۔ اب قرول باغ میں جو طبیہ کالج حکیم اجمل خان مرحوم کا قائم کردہ ہے وہ پہلے کے مقابلے میں کافی سکڑ گیا ہے۔

حکیم اجمل خان راجوں، مہاراجوں اور نوابوں کے حکیم تھے۔ ان کے علاج کے لیے سفر بھی کیا کرتے تھے۔ لیکن غریبوں اور ناداروں کے لیے نہ صرف وہ وقت اور

خدمات دیا کرتے تھے بلکہ وہ ان کے لیے اپنی جیب بھی کھلی رکھتے تھے۔ آپ کے علاج سے انگریزوں نے بھی کافی فائدہ اٹھایا۔ حکومت برطانیہ نے آپ کو " حاذق الملک "کا خطاب دیا۔ لیکن "ہندوستان چھوڑ دو" (Quit India) تحریک کے دوران آپ نے وہ خطاب واپس کر دیا۔ اس پر قوم نے آپ کو " مسیح الملک "کا قابل قدر خطاب دیا۔ جس سے وہ آج بھی پہچانے جاتے ہیں۔ آپ کے تجربات کا مجموعہ مع طبی ادویات کے نام " حاذق " کے نام سے موجود ہے جس سے تمام ہی اطباء فائدہ اٹھاتے ہیں۔ حکیم اجمل خان ملکی سیاست میں بھی دخیل تھے۔ مسلم لیگ کے قیام سے قبل آپ آل انڈیا کانگریس کمیٹی کے صدر تھے۔ گاندھی جی آپ کا بہت خیال اور لحاظ رکھتے تھے۔ ہندوستان کی جنگ آزادی کے لیے آپ کی خدمات ناقابل فراموش ہیں۔ حکیم صاحب کا انتقال ۲۹! دسمبر ۱۹۲۷ء کو رامپور میں ہوا۔

ڈاکٹر سالم علی

(ماہر طیور)

ڈاکٹر سالم علی ماہر طیور (Ornithologist) تھے۔ پرندوں کے بارے میں جہاں آج بھی معلومات محدود ہیں ڈاکٹر سالم علی نے جہد مسلسل سے بے شمار راز سے پردے اٹھائے۔ ان کی یہ دلچسپی ایک چڑیا کے شکار کی وجہ سے پیدا ہوئی۔ ڈاکٹر سالم علی کے والد کا نام معزالدین تھا اور والدہ کا نام زیب النساء تھا۔ یہ بمبئی کے کھیت واڑی علاقے میں پیدا ہوئے۔ بچپن ہی میں والدین کا سایہ سر سے اٹھ گیا۔ ابتدائی تعلیم کے بعد انہوں نے بی اے کیا اور روٹی روزی کی تلاش میں نکل پڑے مگر ہر جگہ انھیں مایوسی ہوئی۔ ایک روز انھوں نے ایک چڑیا دیکھی جس کی گردن پر پیلے رنگ کا نشان تھا۔ انھیں وہ عجیب لگی۔ انہوں نے اسے غور سے دیکھا اور پھر اس پر تحقیق شروع کی۔ آخر کار انہوں نے علم طیور

میں مہارت پیدا کرلی۔

ان کی پہلی تخلیق "دی بک آف انڈین برڈس" ۱۹۴۱ء میں شائع ہوئی۔ جو پرندوں کے علم پر شائع ہونے والی ہندوستانی اشاعتوں میں سب سے زیادہ اہمیت کی حامل ہے۔ اس کے علاوہ ان کی دیگر تصانیف انڈین ہل برڈس، دی برڈس آف کیرالا، دی برڈس آف سکم ہیں۔ ان کی خدمات کا اعتراف کرتے ہوئے ہندوستانی حکومت نے انہیں پدم بھوشن کا خطاب اور راجیہ سبھا کا ممبر نامزد کیا۔ حکومت برطانیہ نے گولڈ میڈل، حکومت ہالینڈ نے گولڈ آرک اور عالمی ادارہ وائلڈ لائف نے انھیں ۵۰ ہزار ڈالر انعام دیا۔ ڈاکٹر سالم علی کا انتقال ۲۱ جون ۱۹۸۷ء میں ہوا۔

حکیم عبدالحمید

حکیم عبدالحمید صرف ایک شخص کا نام نہیں بلکہ یہ اپنے آپ میں ایک ادارہ اور ایک انجمن تھے۔ یہ نہایت ہی سادہ، وضعدار اور پر خلوص انسان تھے۔ ہر قسم کے وسائل اور آسائشیں ہونے کے باوجود بھی انھوں نے نہایت ہی سادہ زندگی گزاری۔ انہوں نے ملک و قوم کی خدمات نہایت خاموشی سے انجام دیں اور ہمیشہ شہرت اور نام و نمود سے دور رہے۔

ہندوستان میں طب کا احیاء ان ہی کا کارنامہ ہے۔ مگر اس سے بڑا ان کا کارنامہ یونانی ادویہ کی معیار بندی ہے۔ ملک کے کونے کونے میں حکماء اور مریض جوارشات اور شربتوں سے واقف ہیں، بلاشبہ اس کا سارا کریڈٹ حکیم عبدالحمید صاحب کو ہی جاتا ہے۔ حکیم صاحب نے طب یونانی کے لیے تحقیق کے دروازے کھولے اور مستند نسخوں کو ترتیب دے کر انہیں "قرابادین مجیدی" کے نام سے مرتب کیا۔

دواؤں اور دواسازی کا اعلیٰ معیار قائم کرنے کے لیے حکیم صاحب نے نئے سائنسی

آلات سے آراستہ ایک لیباریٹری قائم کی۔ جو ماہرین کی نگرانی میں خام دواؤں سے لے کر تیار شدہ دواؤں تک کے جملہ معیارات کو باقاعدہ استحکام دیتی ہیں۔ اس میں کنٹرول لیباریٹری ہے جو دواؤں کی تیاری کے دوران ان پر سائنٹفک کنٹرول قائم رکھتی ہے تاکہ ہر دوا کا مقررہ معیار قائم رہ سکے۔

حکیم عبد الحمید صاحب نے ملک کی تقسیم کے بعد دہلی میں نئے ادارے قائم کیے۔ ان میں انڈین انسٹی ٹیوٹ آف اسلامک اسٹڈیز، انسٹی ٹیوٹ آف ہسٹری آف میڈیسین اینڈ میڈیکل ریسرچ، ہمدرد کالج آف فارمیسی، ہمدرد طبیہ کالج، مجیدیہ ہسپتال اور رفیدہ اسکول آف نرسنگ شامل ہیں۔ ان کے علاوہ ایک انسٹی ٹیوٹ اسلامک ریسرچ بھی ہے۔ ہمدرد کی لائبریری بے مثال ہے۔ یہ تمام ادارے ۱۰ مئی ۱۹۸۹ء میں جامعہ ہمدرد میں ضم ہوگئے۔ جامعہ ہمدرد کا قیام یقیناً حکیم صاحب کا ایک عظیم الشان کارنامہ ہے۔

حکیم صاحب علی گڑھ مسلم یونیورسٹی کے چانسلر رہے۔ حکومت ہند نے انہیں پدم شری اور پدم بھوشن دونوں خطابوں سے نوازا۔ سوویت یونین نے انھیں " بو علی سینا ایوارڈ" سے نوازا۔ اسلامی جمہوریہ ایران نے انہیں اپنی Academy of Medical Science کا اعزازی رکن منتخب کیا۔ آپ ہی کی کوششوں نے ۱۹۰۶ء میں دہلی کے ایک محلہ لال کنواں کے ایک کمرہ میں شروع ہونے والے ہمدرد دواخانہ کو بین الاقوامی شہرت عطا کی۔ آج ہمدرد کی تمام دوائیں دنیا کے کونے کونے میں سہل الحصول ہیں۔ ان کی اہم تصنیفات میں بو علی سینا کی "القانون فی الطب "کا تنقیدی جائزہ اور انگریزی اور عربی تراجم شامل ہیں۔ ہندوستان کے اس مایہ ناز سپوت نے ۲۳ جولائی ۱۹۹۹ء کو ۹۱ سال کی عمر میں اس دار فانی سے کوچ کیا۔

(۵) باب پنجم: فلاسفہ اور متکلمین

ابنِ طُفیل

(فلسفیانہ ناول نگار)

ابنِ طُفیل اسپین کے مشہور طبیب فلاسفر اور ریاضی داں تھے۔ ان کا پورا نام "ابو بکر محمد بن عبد الملک بن طُفیل القیسی" تھا۔ تعلیم مکمل ہونے کے بعد غرناطہ میں طبابت شروع کی پھر صوبہ کے گورنر کے سیکریٹری ہو گئے۔ پھر کچھ دنوں کے بعد الموحدون خاندان کے فرمانروا "ابو یعقوب یوسف" کے درباری مقرر ہوئے۔ کچھ دنوں بعد یہیں انہیں وزارت اور عہدہ قضاء بھی سونپ دیا گیا۔ ابنِ طُفیل اہل کمال و فن کے بڑے قدر دان تھے۔ ابنِ رُشد کو ابو یعقوب کے دربار میں سب سے پہلے انہوں نے ہی متعارف کروایا اور جب زیادہ ضعیف ہو گئے تو اپنی جگہ ابنِ رُشد کو درباری طبیب مقرر کر دیا۔ ابنِ طُفیل کا فلسفیانہ ناول "حیّٔ بن یقظان" نہایت ہی مشہور ہے۔ اس کا دوسرا نام "اسرار الحکمتہ الاشراقیہ" ہے۔ اس میں افلاطونیت جدیدہ کے مسائل کو فسانہ کی شکل میں پیش کیا گیا ہے۔ یہ اپنی نوعیت کی پہلی کتاب تھی جو فلسفیانہ مسائل پر داستان کی شکل میں لکھی گئی تھی۔ اور اس کا ترجمہ دُنیا کی اکثر زبانوں میں ہو چکا ہے۔ اس ناول کے مقدمہ میں ابنِ طُفیل نے مسلم فلاسفر کی تاریخ پر دلچسپ تبصرہ کرتے ہوئے ابنِ سینا، ابن الموحدون اور امام غزالی کی تعریف کی ہے اور پھر یہ ثابت کیا ہے کہ فلسفہ کی اصل غایت ذات خُداوندی سے متحد کر دینا ہے اور یہی فلسفہ صوفیہ کا ہے۔ مقدمہ کے بعد کی داستان کچھ

اسطرح شروع ہوتی ہے۔

ایک شہزادی اپنے لڑکے کو جس کا کوئی باپ نہ تھا سمندر میں ڈال دیتی ہے۔ اور وہ بہتا بہتا ایک سنسان جزیرہ میں پہنچ جاتا ہے۔ (اس موقعہ پر وہ اس نظریہ کو پیش کرتے ہیں کہ اوّل اوّل زمین میں گرمی سے جو کیفیت خمیر کی پیدا ہوئی تھی اس سے جاندار کی تخلیق ہونا ممکن تھی۔ ابنِ طُفیل نے اس کا نام حیٔ (زندہ قرار دیا)۔ اس لڑکے کو ایک ہرن لے جاتا ہے اور اس کی پرورش کرتا ہے۔ جب یہ ہوش سنبھالتا ہے تو اپنے آپ کو ننگا اور غیر مسلح پاتا ہے بالکل دوسرے جانوروں کی طرح اس لیے وہ پتوں سے اپنا جسم چھپاتا ہے اور درخت کی ایک شاخ سے چھڑی تیار کرتا ہے۔ اس طرح اسے سب سے پہلے اپنے ہاتھ کی قوت کا علم ہوتا ہے۔ رفتہ رفتہ وہ شکاری ہو جاتا ہے۔ اور جھونپڑا تیار کرتا ہے۔ جب ہرن بوڑھا ہو کر بہت بیمار ہو جاتا ہے تو وہ سوچتا ہے کہ یہ بیماری کیا چیز ہے۔ اور اس کا سبب کیا ہے پھر یہ سوچ کر کہ بیماری کا تعلق سینہ سے ہے وہ اسے ایک تیز نوک دار پتھر سے چیرتا ہے اس طرح اسے دل، پھیپھڑے اور اندرونی اعضاء کا علم ہوتا ہے۔ اور اسی کہ ساتھ یہ بھی محسوس کرتا ہے کہ جسم کے اندر اور بھی کوئی چیز تھی جو نکل گئی جب ہرن کا جسم سڑنے لگتا ہے تو وہ ایک کوّے کو دوسرے کوّے کا مُردہ جسم زمین کھود کر اندر گاڑتے ہوئے دیکھ کر خود بھی ہرن کا جسم دفن کر دیتا ہے۔ اس کے بعد اتفاق سے خشک شاخوں کی باہمی رگڑ سے آگ پیدا ہوتے دیکھتا ہے۔ اسطرح خود وہ بھی آگ پیدا کرتا ہے۔ اسی کے ساتھ اس گرمی کی طرف بھی اس کا خیال منتقل ہو جاتا ہے جو جسم حیوانی میں پائی جاتی ہے اور جانوروں کی کھال نکال کر ان کی جسمانی حرارت پر غور کرتا ہے۔ اس کی ذہانت اب ایک اور قدم آگے بڑھتی ہے۔ یعنی وہ کھالوں کا لباس بناتا ہے۔ روئی کاتتا ہے، چڑیوں کے گھونسلے دیکھ کر خود بھی مکان تیار کرتا ہے۔ چڑیوں کے انڈے کھاتا

ہے اور جانوروں کے سینگوں سے کام لیتا ہے۔ اب اس کا علم بڑھتے بڑھتے فلسفہ کی صورت اختیار کرلیتا ہے اور رفتہ رفتہ نباتات و معدنیات کا مطالعہ کرتا ہے۔ اعضاء، وزن اور دیگر خصوصیات طبیعی کی بنا پر جانوروں کی قسمیں مقرر کرتا ہے اور آخر میں روح پر غور کرتا ہے۔ اس کی دو قسمیں (روح نباتی اور روح حیوانی) قرار دیتا ہے۔ اس کے بعد وہ عناصر اربعہ کا علم حاصل کرتا ہے۔ اور مٹی پر غور کرتے کرتے اس کا خیال مادّے کی طرف جاتا ہے۔ پانی کو بھاپ میں تبدیل ہوتے دیکھ کر وہ اس نتیجے پر پہنچتا ہے کہ ایک مادّہ دوسرے مادّے میں تبدیل ہو سکتا ہے۔ پھر اس کا خیال علت تخلیق کی طرف منتقل ہو کر خالق تک پہونچتا ہے اور زمین سے ہٹ کر اس کی نگاہیں آسمان کی طرف مائل ہو جاتی ہیں اور وہ سوچتا ہے کہ کیا کائنات غیر محدود ہے۔ لیکن اس کی عقل اس بات کو قبول نہیں کرتی اور وہ سیّاروں کے کرّوی ہونے پر حکم لگاتا ہے آخرکار ایک خالق یا خدا کا تصور اس کے ذہن میں پیدا ہوتا ہے جسے وہ آزاد اور صاحبِ علم سمجھتا ہے اور روح انسانی کو بھی غیر فانی قرار دے کر ذات خداوندی سے ربط و تعلق پر غور کرتا ہے اور ایک زمانہ اسی فکر و مراقبہ میں گزر جاتا ہے۔ اسی وقت قریب کے جزیرے سے ایک شخص "اسال" آجاتا ہے جو "الہامی مذہب" کا پیامر ہے اور دونوں ایک دوسرے کے تبادلۂ خیال کے بعد اس نتیجے پر پہنچتے ہیں کہ "اسال" جس مذہب کا پابند ہے وہ در اصل وہی ہے جسے "حیٔ" نے قائم کیا پھر اسال اسے آمادہ کرتا ہے کہ وہ جزیرہ جا کر وہاں کے بادشاہ سلامان کو اس حقیقت سے آگاہ کرے۔ لیکن "سلامان" پر اس کا کوئی اثر نہیں ہوتا اور آخرکار حیٔ اور "اسال" دونوں واپس ہوتے ہیں اور صحرا میں رہ کر فکر و مراقبہ میں اپنی زندگی تمام کر دیتے ہیں۔ یہ خلاصہ ہے ابنِ طُفیل کے فلسفیانہ ناول کا جس کا ترجمہ دُنیا کی تمام زبانوں میں ہو چکا ہے اور جس پر بہت سے لوگوں نے حواشی لکھے ہیں۔ ابنِ طُفیل نہ صرف عربوں

میں بلکہ تمام دُنیا میں پہلا شخص تھا جس نے فلسفیانہ نظریوں کو داستان کی صورت میں پیش کیا۔ اس فلسفیانہ ناول نگار کا انتقال ۱۱۸۵ء میں ہو گیا۔

ابن عربی

ابو بکر محی الدین بن علی عربی مشہور صوفی اور نظریہ وحدت الوجود کے سب سے بڑے مبلغ اور عالم تھے۔ ان کا نظریہ یہ تھا کہ تمام کائنات اور مافیہا ذات خداوندی کی مظہر ہیں۔ لہٰذا تمام مذاہب بھی اپنی اصل میں برابر ہیں۔ اپنے اپنے زمانے میں ابن تیمیہ، تفتازانی اور مجدد الف ثانی ان کے شدید نکتہ چینوں میں سے تھے جبکہ سیوطی فیروز آبادی اور عبد الرزاق کاشانی ان کے حامیوں میں سے تھے۔

ابن عربی کی پیدائش اندلس کے شہر مرسیہ میں ۲۸ جولائی ۱۱۶۵ء میں ہوئی۔ صغر سنی ہی میں اشبیلیہ چلے گئے اور ۳۰ برس تک وہیں رہے۔ ۲۸ برس کی عمر میں ممالک شرقیہ کی سیاحت کو نکلے۔ جہاں جہاں جاتے لوگ ان کے شایان شان استقبال کرتے۔ بالآخر وہ دمشق میں مقیم ہو گئے اور یہیں اکتوبر ۱۲۴۰ء میں انتقال ہوا۔ فصوص الحکم اور فتوحات مکیہ ان کی نہایت ہی مشہور کتابیں ہیں۔ ان کی دیگر تصانیف محاضرات الابرار، کتاب الاخلاق، السفرہ علی حضرت البررہ، مجموعۃ الرسائل الالٰہیہ، مواقع النجوم و مطالع اہلۃ الاسرار والعلوم ہیں۔

ابنِ رُشد

(جدید فلسفے کا بانی)

ابنِ رُشد قرطبہ کے رہنے والے تھے۔ ان کا پورا نام ابو الولید محمد بن احمد بن محمد بن رُشد تھا۔ اہل یورپ انہیں اویروس (Averros) کے نام سے جانتے ہیں۔ یہ نہایت ہی قابل فلاسفر و حکیم تھے۔ ان کے والد اور دادا دونوں قرطبہ کے قاضی تھے۔ مگر ابنِ رُشد

مادیت کے بہت زیادہ قائل تھے۔ یہ ابن طُفیل سے بہت زیادہ متاثر تھے۔ ابنِ طُفیل ہی نے انہیں "ابویعقوب" کے دربار میں پیش کیا۔ ابویعقوب نے ابن رُشد سے کائنات کے بارے میں کافی دیر تک بحث کی اور انکے دیئے دلائل سے کافی متاثر ہوا۔ اور انکی صلاحیت کا قائل ہو کر ڈھیر سارا انعام دے کر رُخصت کیا۔

کچھ سالوں بعد یہ اشبیلیہ کے قاضی مقرر ہوئے اور اس کے دو سال بعد قرطبہ کے قاضی بنائے گئے۔ بعد میں ابنِ یوسف نے انہیں مراکش میں طبیب خاص کی خدمت پر مامور کر دیا لیکن جلد ہی "قاضی القضاء" بنا کر واپس کر دیا۔ چونکہ ابنِ رُشد مادیت کے بہت زیادہ قائل تھے اسی لیے ان پر الحاد کا الزام لگا کر جلاوطن کر دیا گیا۔ جب ابویعقوب اسپین کی عیسائی حکومت سے جنگ کر کے مراکش واپس آیا تو اس نے ابنِ رُشد کو دوبارہ اپنے دربار میں بلا لیا۔

امام غزالی

اسلام کے نہایت مشہور مفکر اور متکلم تھے۔ ابو حامد کنیت، محمد نام اور زین الدین لقب تھا۔ ان کی ولادت ۴۵۰ھ میں طوس میں ہوئی۔ ابتدائی تعلیم طوس و نیشاپور میں ہوئی اور زیادہ تر استفادہ امام الحرمین سے کیا۔ نیشاپور سے وزیر سلاجقہ نظام الملک طوسی کے دربار میں پہنچے اور ۴۸۴ھ میں مدرسہ بغداد میں مدرس کی حیثیت سے مامور ہوئے۔ جب نظام الملک اور ملک شاہ کو باطنی فدائیوں نے قتل کر دیا تو انھوں نے باطنیہ، اسماعیلیہ اور امامیہ مذاہب کے خلاف متعدد کتابیں لکھیں۔ اس وقت وہ زیادہ تر فلسفہ کے مطالعہ میں مصروف رہے جس کی وجہ سے عقائد مذہبی سے بالکل منحرف ہو چکے تھے۔ ان کا یہ دور کئی سال تک قائم رہا۔ لیکن آخر کار جب علوم ظاہری سے ان کی تشفی نہ ہوئی تو تصوف کی طرف مائل ہوئے اور پھر خدا، رسول، حشر و نشر تمام باتوں کے قائل ہو گئے۔

۴۸۸ھ میں یہ بغداد چھوڑ کر تلاش حق میں نکل پڑے اور مختلف ممالک کی خاک چھانی۔ یہاں تک کہ ان میں ایک کیفیت سکونی پیدا ہو گئی اور اشعری نے جس فلسفہ مذہب کی ابتدا کی تھی۔ انہوں نے اسے انجام تک پہنچا دیا۔ ان کی کتاب " المنقذ من الضلال " ان کے تجربات کی آئینہ دار ہے۔ اسی زمانہ میں سیاسی انقلابات نے ان کے ذہن کو بہت متاثر کیا اور یہ دو سال تک شام میں گوشہ نشین رہے۔ پھر حج کرنے چلے گئے۔ اور آخر عمر طوس میں گوشہ نشینی میں گزاری۔

ان کی دیگر مشہور تصانیف احیاء العلوم، تحافتہ الفلاسفہ، کیمیائے سعادت، مکاشفتہ القلوب ہیں۔ ان کا انتقال ۸ دسمبر ۵۰۵ھ کو طوس میں ہوا۔

(٦) باب ششم: سلاطین و فاتحین

عمر بن عبد العزیزؒ

ابو حفص حضرت عمر بن عبد العزیز بن مروان بن حکم خلفائے راشدین میں خلیفۂ خامس ہیں۔ وہ خلیفہ صالح کے نام سے بھی مشہور ہیں۔ عمر بن عبد العزیز کے والد عبد العزیز بن مروان مصر کے حاکم تھے۔ عمر بن عبد العزیز کی پیدائش ٦٢۔ھ میں ہوئی۔ ان کی والدہ حضرت عمرؓ کی پوتی یعنی عاصم بن عمر فاروقؓ کی بیٹی تھیں۔ عمر بن عبد العزیز کو بچپن میں گھوڑے نے لات ماردی تھی۔ ان کے چہرے پر اس کے زخم کا نشان تھا۔

بچپن میں عمر بن عبد العزیز کو ان کے والد نے مدینہ بھیج دیا تھا۔ یہیں ان کی تعلیم و تربیت ہوئی۔ فقہائے مدینہ کی تربیت میں ان کی عمر کا ابتدائی حصہ گزرا۔ علمائے مدینہ ہی سے انھوں نے علوم دینیہ حاصل کی۔ حضرت عمر بن عبد العزیز خلیفہ ہونے سے پیشتر نہایت پر تکلف اور قیمتی لباس پہنتے تھے لیکن خلیفہ ہونے کے بعد انھوں نے کھانے اور پہننے میں بالکل درویشانہ روش اختیار کرلی تھی۔ ولید بن ملک نے آپ کو مدینہ کا حاکم مقرر کر دیا اور آپ نے کئی مرتبہ امیر حج کی حیثیت سے حج بھی کیا۔ سلیمان بن ملک کی وفات کے بعد آپ خلیفہ بنائے گئے۔ آپ کی خلافت کا زمانہ دو برس پانچ مہینے اور چار دن تھا۔ آپ کا زمانۂ خلافت حضرت ابو بکر صدیقؓ کی طرح بہت ہی مختصر تھا۔ لیکن جس طرح عہد صدیقی بہت ہی اہم اور قیمتی زمانہ تھا اسی طرح حضرت عمر بن عبد العزیز کی خلافت کا زمانہ بھی عالم اسلام کے لیے قیمتی زمانہ تھا۔ بنو امیہ کی حکومت نے لوگوں میں بتدریج دنیا

پرستی اور حب جاہ و مال پیدا کر کے آخرت کی طرف سے غافل کر دیا تھا۔ عمر بن عبد العزیز کی چند روزہ خلافت نے یک لخت ان تمام خرابیوں کو دور کر کے مسلمانوں کو پھر روحانیت اور نیکی کی طرف راغب کر دیا۔ حضرت عمر بن عبد العزیز کا سب سے بڑا کارنامہ یہ ہے کہ انھوں نے خلافت اسلامیہ کو خلافت راشدہ کے نمونے پر قائم کر کے عہد صدیقیؓ اور عہد فاروقیؓ کو دنیا میں پھر واپس بلا لیا تھا۔ آپ کا انتقال ۲۵ رجب ۱۰۱ھ کو ہوا۔

محمدؒ بن قاسم

فاتح سندھ محمد بن قاسم نے سندھ کو اس وقت فتح کیا جب ان کی عمر صرف سترہ برس تھی۔ اس عمر میں ان کے دیگر ساتھی لہو و لعب میں پڑے ہوئے تھے مگر انھوں نے ایسا عظیم کارنامہ انجام دیا جس کی نظیر نہیں ملتی۔ سندھ پر کئی بار لشکر کشی کی گئی مگر ہر بار ناکامی ہاتھ آئی۔ حجاج بن یوسف (جو آپ کا چچا تھا) کی جنگی حکمت عملی اور آپ کے انتخاب نے نہ صرف سندھ کو فتح کیا بلکہ وہاں کے عوام کو راجا دیبل کے ظلم سے نجات دلائی۔

محمد بن قاسم کی پیدائش ۷۷ھ میں ہوئی۔ آپ کے والد قاسم بن یوسف بچپن ہی میں انتقال کر گئے۔ والدہ نے تعلیم و تربیت کی ذمہ داری اٹھائی۔ محمد بن قاسم نہایت سمجھدار، بہادر، مستقل مزاج اور صالح جوان تھے۔ اس نوجوان نے سندھ کی فتوحات میں ایک طرف اپنے آپ کو رستم و سکندر سے بڑھ کر ثابت کیا تو دوسری طرف وہ نوشیروان عادل سے بڑھ کر عادل اور رعایا پرور ظاہر ہوا۔ اس نوجوان فتح مند سردار نے سلیمان کے خلاف قطعاً کوئی گستاخی نہیں کی تھی مگر خلیفہ سلیمان بن ملک کی کینہ دوزی اور حسد نے محمد بن قاسم کے خلاف انتقامی کارروائی کی اور آپ کو ابن ابی کبشہ نے خلیفہ سلیمان بن ملک

کے حکم سے گرفتار کر کے دمشق کی جانب روانہ کر دیا۔ وہاں انھیں خلیفہ سلیمان بن ملک کے حکم سے واسط کے جیل خانے میں قید کر دیا گیا اور صالح بن عبدالرحمن کو ان پر مسلط کر دیا گیا۔ جس نے انھیں جیل خانے میں انواع و اقسام کی تکلیفیں دے کر مار ہی ڈالا۔ انتقال کے وقت آپ کی عمر صرف ۲۲ سال تھی۔

طارق بن زیادؒ

فاتح اسپین طارق بن زیاد طنجہ کے گورنر تھے۔ گورنر افریقہ موسیٰ بن نصیر کے حکم سے انھوں نے اسپین پر چڑھائی کی۔ یہ اپنا ے ہزار لشکر کشتیوں میں سوار کر کے آبنائے جبل الطارق کے پار اسپین کے جنوبی راس پر جا اترے۔ ان کی فوج میں زیادہ تر بربری نو مسلم اور کم تر عربی لوگ تھے۔ مغیث الرومی نامی ایک مشہور فوجی افسر بھی اس فوج میں شامل تھا جو طارق بن زیاد کا نائب سمجھا جاتا تھا۔ طارق بن زیاد جس مقام پر اترے اس کا نام لائنز راک (قلتہ الاسد) تھا۔ اس کے بعد سے اس کا نام جبل الطارق مشہور ہوا اور آج تک جبل الطارق یا جبر الٹر ہی کہلاتا ہے۔ طارق بن زیاد نے اسپین کے ساحل پر اتر کر سب سے پہلا کام یہ کیا کہ جن جہازوں میں سوار ہو کر آئے تھے ان کو آگ لگا کر سمندر میں غرق کر دیا۔ طارق کی یہ حرکت بہت ہی عجیب معلوم ہوتی ہے لیکن اگر ذرا غور و تامل کی نگاہ سے دیکھا جائے تو طارق کی انتہائی بہادری اور قابلیت سپہ سالاری کی ایک زبردست دلیل ہے۔ طارق بن زیاد اس بات سے واقف تھے کہ مٹھی بھر فوج ایک عظیم الشان سلطنت کی افواج گراں کے مقابلے میں بے حقیقت نظر آئے گی۔ ممکن ہے بربری نو مسلموں کو گھر یاد آنے لگے اور ماتحت فوجی افسر اس بات پر زور دینے لگیں کہ جب تک بڑی اور زبردست فوجیں نہ آئیں اس وقت تک لڑائی کا چھیڑنا مناسب نہیں ہے اور بہتر یہی ہے کہ طنجہ کو واپس چلیں۔ ایسی حالت میں پہلی مہم ناکام رہے گی۔ اس لیے طارق بن

زیاد نے جہازوں کو آگ لگا کر سمندر میں غرق کر کے اپنے ہمراہیوں کو بتا دیا کہ واپس جانے کا اب کوئی ذریعہ باقی نہیں رہا۔ ہمارے پیچھے سمندر اور آگے دشمن کا وسیع ملک ہے۔ بجز اس کے اور کوئی صورت نجات کی باقی نہیں رہی کہ ہم دشمن کے ملک پر قبضہ کر کے اور اس کی فوجوں کو پیچھے ڈھکیلتے چلے جائیں۔ اس کام میں ہم جس قدر زیادہ چُستی اور ہمت سے کام لیں گے ہمارے لیے بہتر ہو گا۔ سستی، پست ہمتی اور تن آسانی کا نتیجہ ہلاکت و بربادی کے سوا کچھ نہیں ہو گا۔

شہر شدونہ کے متصل لاجنڈا کی جھیل کے قریب ایک چھوٹی سی ندی کے کنارے ۲۸ رمضان المبارک ۹۲ ھ میں اسپین کی فوج سے پہلی جنگ ہوئی اور ۵ شوال ۹۲ ھ کو اسپینی فوج کو شکست ہوئی۔ اس کے بعد طارق بن زیاد نے قرطبہ اور طیطلہ کی طرف پیش قدمی کر کے انھیں بھی فتح کیا۔ خلیفہ سلیمان بن ملک نے موسیٰ بن نصیر کو معزول کر کے قید کر دیا۔ طارق بن زیاد جو موسیٰ ہی کے تربیت اور آزاد کردہ غلام تھے۔ انھیں اسپین سے بلا کر ایک معقول پینشن دے کر ملک شام کے کسی شہر میں قیام پذیر ہونے کا حکم دیا۔ اسطرح طارق بن زیاد کے آخری ایام گمنامی میں بسر ہوئے۔

صلاح الدّین ایوبی

سلطان صلاح الدّین ایوبی کے والد نجم الدّین ایوب نسلاً کرد تھے۔ اور عماد الدّین زنگی کی فوج میں سپہ سالار تھے۔ صلاح الدّین پر عماد الدّین زنگی بہت مہربان تھا۔ ان کی تربیت کا انتظام انہوں نے اپنے ذمہ لیا تھا۔ ان کے انتقال کے بعد ان کے بیٹے سلطان نور الدّین زنگی نے نجم الدّین ایوب کو دمشق کا قلعہ دار اور کوتوال مقرر کیا اور صلاح الدّین ایوبی کو اس خدمت میں باپ کا کمکی مقرر کیا۔

نور الدّین زنگی نے انہیں ان کے چچا اسد الدّین سیرہ کوہ کے ساتھ ایک جنگی مہم پر

مصر روانہ کیا وہاں انھوں نے اپنی بہترین جنگی صلاحیت کا مظاہرہ کیا اور نور الدّین زنگی کے قابل ترین جرنلوں میں شامل کر لیے گئے۔ بالآخر وہ نور الدّین زنگی کی طرف سے مصر کے حکمراں بنا دیے گئے۔ انہیں کی کوششوں سے مصر کی فاطمی حکومت کا خاتمہ ہوا۔ نور الدّین زنگی کے انتقال کے بعد اہل شام نے انہیں شام کی حکومت سنبھالنے کی دعوت دی اس طرح بیک وقت مصر و شام دونوں کے حکمراں بن گئے۔

اپنے عہدہ میں ایک طرف تو انہوں نے بے شمار تعمیری خدمات انجام دیں تو دوسری طرف عیسائیوں کی طرف سے چھیڑی گئی صلیبی جنگ میں اُن کے دانت کھٹّے کر دئے اور ۵۸۳ھ میں دوسری صلیبی جنگ میں بیت المقدّس کو عیسائیوں کے تسلط سے آزاد کرا کر وہاں اسلام کا پرچم لہرایا۔ اس کے علاوہ شام کے علاقوں سے اہل صلیب کو نکال باہر کیا۔ یہاں تک کے ایک صلح نامہ کے تحت صرف ایک بندرگاہ عکر (Acre) ان کے تحت رہ گئی۔ ان کی ساری زندگی میدان جہاد میں گزری۔ یہ عدل و انصاف اور تقویٰ میں نور الدّین زنگی کے سچّے جانشین تھے۔ انہوں نے مصر میں ۲۴، سال اور شام میں ۱۹، سال حکومت کی لیکن جب ۵۸۹ھ میں ان کی وفات ہوئی تو اس مرد درویش کے ترکے میں کچھ بھی نہیں تھا۔

شمس الدّین التمش

شمس الدّین التمش قراختائی ترکوں کے ایک بہت بڑے گھرانے کا بیٹا تھا۔ التمش کے باپ کا نام ایلم خاں تھا۔ وہ البری قبیلے کا سردار تھا۔ التمش اپنی صورت اور سیرت کے لحاظ سے اپنے تمام بھائیوں میں ممتاز تھا۔ اس وجہ سے ایلم خان اسے اپنے بیٹوں میں سب سے زیادہ چاہتا تھا۔ التمش کے بھائی اس سے خوش نہ تھے۔ التمش کے ساتھ اس کے دشمنوں نے وہی سلوک کیا جو حضرت یوسفؑ کے ساتھ ان کے بھائیوں نے کیا تھا۔ التمش

کے بھائیوں نے ترکستان کے اس یوسف (التمش) کو گلہ بانی کے بہانے سے قبیلہ البری کے یعقوب (ایلم خان) سے جدا کر کے ایک سوداگر کے ہاتھ بیچ ڈالا۔ کچھ عرصے تک اس آقا کے گھر میں التمش بڑے آرام سے پرورش پاتا رہا لیکن قسمت نے اسے یہاں بھی نہ رہنے دیا اور اسے ایک سوداگر "حاجی بخاری" نے خرید لیا۔ اس کے بعد التمش کو سلطان قطب الدین نے خرید لیا۔ التمش کے ساتھ ایک "ایبک" نامی غلام بھی تھا۔ قطب الدین التمش پر بڑا اعتماد کرتا تھا۔ یہاں تک کہ گوالیار کا قلعہ فتح کر کے التمش کو اس کا حاکم بنا دیا۔ کچھ عرصے بعد التمش کو برن اور اس کے گرد و پیش کے علاقوں کی جاگیر داری دے دی گئی اور بدایوں کا حاکم مقرر کیا گیا۔ قطب الدین ایبک کی تین بیٹیاں تھیں۔ ان میں سے ایک تو التمش کے نکاح میں آئی اور باقی دو باری باری ناصر الدین قباچہ سے بیاہی گئیں۔ قطب الدین کی وفات کے بعد التمش ۶۰۷ھ دہلی کے تخت پر جلوہ گر ہوا اور "شمس الدین" کا لقب اختیار کیا۔ التمش مذہبی فرائض اور عبادات دین کا سخت پابند تھا۔ وہ ہر جمعہ کو جامع مسجد میں حاضر ہو کر نماز با جماعت ادا کرتا تھا۔ تخت نشینی کے بعد التمش نے جالور، لکھنوتی، بہار اور رنتھنبور پر لشکر کشی کی اور انھیں فتح کیا۔ اس کے علاوہ التمش کے تاج الدین یلدوز، ناصر الدین قباچہ اور خوارزم شاہ سے بھی معرکے ہوئے۔ التمش کی اولادوں میں ناصر الدین، رکن الدین فیروز شاہ (یہ التمش کے بعد تخت نشین ہوا۔) اور رضیہ سلطان قابل ذکر ہیں۔ التمش نے ۳۶ سال تک حکمرانی کے فرائض انجام دیے اور ۲۰ شعبان ۶۳۳ھ کو انتقال کیا۔

شاہجہاں

مغلیہ خاندان کا چشم و چراغ اور شہنشاہ اکبر کا پوتا نور الدّین جہانگیر کا تیسرا بیٹا شہزادہ خرم شاہجہاں کے نام سے مشہور ہوا۔ اس کا زمانہ مغلیہ خاندان کا سب سے شاندار اور پُر

شکوہ تھا۔ اس کے دور میں پورے ملک میں امن و امان اور خوشحالی تھی۔ اس کے دربار میں ادباء، سفراء اور علماء کا سلسلہ رہتا تھا۔ سفراء میں صائب، کلیم اور قدسی وغیرہ۔ علماء میں عبد الحکیم سیالکوٹی، سعد اللہ خان اور مُلّا محمود جونپوری وغیرہ، مورخین میں محمد امین قزوینی، عبد الحمید لاہوری اور راجا بہاری مل قابل ذکر ہیں۔ شاہجہاں کے زمانے میں اسلامی فنِ تعمیر کا عروج تھا۔ اس زمانے میں اس نے 'تاج محل' جیسی عمارت بنوائی جسے دیکھ کر عقل دنگ رہ جاتی ہے۔ اور جس سے بہتر فن تعمیر کا نمونہ پوری دنیا میں کہیں نہیں ہے۔ اس کے علاوہ دیگر تعمیرات میں لال قلعہ، جامع مسجد وغیرہ ہیں۔

شاہجہاں کی تخت نشینی اس کے والد جہانگیر کے انتقال کے بعد ۱۶۲۶ء میں ہوئی۔ اس کے چار بیٹے دارا شکوہ، شجاع، اورنگ زیب، مراد اور دو بیٹیاں جہاں آرا بیگم اور روش آرا بیگم تھیں۔ اس کی اولاد میں اورنگ زیب نے مغلیہ سلطنت کو وسیع کرنے کے علاوہ دینی اور علمی خدمات بھی انجام دیں

اس کا سب سے بڑا کارنامہ "فتاویٰ عالمگیری" کی تدوین ہے۔ جو نہ صرف درسیات فقہ حنفی کا ایک مستند منبع ہے بلکہ اس بادشاہ نے فضول رسموں، خرافات اور شرک و بدعات کو ختم کرانے کی کوششیں کیں۔

آخری عمر میں شاہجہاں کو سیاسی چپقلش کی بنا پر لال قلعہ میں اورنگ زیب نے قید کروا دیا اور یہیں اس کا انتقال بھی ہو گیا۔ انھیں تاج محل کی عمارت میں اپنی چہیتی بیوی ممتاز محل کے بازو میں دفن کیا گیا۔

ٹیپو سلطان

ٹیپو سلطان کا نام فتح علی خان اور والد کا نام حیدر علی خان تھا۔ ان کا تعلق سرنگا پٹنم سے تھا۔ ان کی پیدائش ۱۷۵۱ء میں ہوئی۔ شجاعت مردانگی، دلیری، اور جاں بازی کی

خوبیاں ان کی سرشست میں داخل تھیں۔ چنانچہ ان کے والد نے انہیں ۱۷۶۶ء میں اپنی فوج میں ایک رجمینٹ کا افسر بنا دیا۔

ٹیپو سلطان نے صرف ۱۶، سال کی عمر میں مرہٹوں کے مقابل پہلی کامیابی حاصل کی اور ۳، مئی ۱۷۹۹ء میں میر صادق اور دوسرے غدّار مملکت کی بدولت میدان جنگ میں شہید ہو گئے۔ گویا ہندوستان میں مسلمانوں کی حکومت کا خاتمہ ہو گیا۔ اسی رات نو بجے انگریزوں نے ٹیپو سلطان کی لاش تلاش بسیار کے بعد دیگر لاشوں کے ڈھیر سے نکالی مگر اس وقت بھی تلوار ان کے ہاتھ میں ہی تھی۔ جسے بمشکل انگریزوں نے ہاتھوں سے جدا کیا۔ دراصل یہ تلوار ٹیپو سلطان کے ہاتھوں سے نہیں بلکہ مشرق میں مسلمانوں کے ہاتھوں سے نکالی تھی۔ ٹیپو سلطان کی شہادت کی تاریخ اسی مصرعہ سے نکلتی ہے۔

خرد گفت تاریخ شمشیر گم شد۔

(۷) باب ہفتم: مجاہدین آزادی اور سیاستداں

جمال الدین افغانی

جمال الدین افغانی سید محمد بن صفدر، فلسفی، ادیب، خطیب، صحافی اور زبردست انقلابی شخصیت کے مالک تھے۔ ان کی ولادت ضلع کابل کے قصبہ اسعد آباد میں ۱۲۵۴ھ میں ہوئی۔ ان کا عہد طفلی وشباب افغانستان ہی میں گزرا اور یہیں ۳۸ سال تک تمام علوم متداولہ حاصل کیے۔ ۱۲۷۳ھ میں حج کے لیے گئے، وہاں سے لوٹ کر امیر دوست محمد خان والیٔ افغانستان کے ملازم ہو گئے اور ہرات کی مہم میں بھی اس کے ساتھ رہے۔ پھر یہاں سے نکل کر مصر، ترکی، لندن، پیرس، امریکہ اور ہندوستان وغیرہ ممالک کا سفر کیا اور لیکچرز (Lectures) دیے۔ اکثر اسفار میں ان کے شاگرد رشید "محمد عبدہ" بھی ساتھ ہوا کرتے تھے۔ انھوں نے علمی خدمات کے ساتھ انگریزوں کے خلاف تحریک آزادی بھی شروع کی۔ اسی تحریک کی بدولت ۱۸۸۲ء میں جنگ "تل الکبیر" وقوع میں آئی۔

ایک مستشرق ERNEST RENAN نے اسلام اور سائنس کے عنوان سے لیکچرز کا سلسلہ شروع کیا۔ جس میں ظاہر کیا گیا تھا کہ اسلام علمی تحریک کا مخالف ہے۔ جمال الدین افغانی نے اس کے جواب میں مضامین کا ایک سلسلہ شروع کیا جو پیرس اور جرمنی کے اخبارات میں شائع ہوتے تھے۔ پیرس میں جمال الدین افغانی کے ادبی و سیاسی اقدامات کا سب سے اہم زمانہ وہ ہے جب خود انھوں نے ۱۸۸۴ء میں "عروۃ الوثقیٰ"

کے نام سے ایک عربی اخبار جاری کیا اور مصر و ہند میں انگریزی پالیسی پر خوب نکتہ چینی کی۔ شاہ ایران ناصر الدین کی دعوت پر ایران بھی گئے جہاں کی حکومت نے جب انگریزوں کو تمباکو کی تجارت پر مخصوص رعایت دینے کا فیصلہ کیا تو انھوں نے اس کی زبردست مخالفت کی۔

جمال الدین افغانی اسلامی ممالک کی بیرونی تسلط سے آزادی اور ترقی کے خواہاں تھے اور زمانے کے جدید رجحانات اور دنیائے اسلام کے سیاسی مسائل سے لوگوں کو آگاہ کرنا چاہتے تھے۔ ان کی ساری زندگی انگریزی پالیسی کی مخالفت اور ان کی غلامی سے نجات دلانے کی تحریک میں گزری۔ وہ جہاں جہاں گئے لوگ ان کی انقلابی تحریک میں شامل ہوتے گئے۔ آخر عمر میں سلطان عبد الحمید کی دعوت پر قسطنطنیہ گئے اور اخیر تک یہیں قیام کیا۔ ان کا انتقال ۱۸۹۷ء (۱۳۱۴ھ) میں ٹھوڑی کے کینسر سے ہوا۔ (مگر بعض لوگوں کا خیال ہے کہ ابو الہدیٰ نے جو جمال الدین افغانی کا شدید دشمن تھا اور دربار سلطان ترکی کا بڑا ذی اثر عالم تھا، جمال الدین افغانی کو زہر دے دیا اور اسی سے ان کی موت واقع ہوئی۔)

تصانیف: "تتمہ البیان" (تاریخ افاغنہ)، بقیہ تصانیف زیادہ تر رسائل اور مضامین پر مشتمل ہیں۔

شاہ اسماعیل شہیدؒ

اسماعیل شہیدؒ خازن ولی اللہ کے فرزند تھے۔ ان کی ولادت دہلی میں ۱۱۹۶ھ میں ہوئی۔ کم سنی میں ہی والد کا انتقال ہو گیا۔ ان کے چچا مولانا عبد القادر نے ان کی پرورش کی۔ بچپن میں بہت کھلنڈرے تھے۔ لیکن حافظہ غضب کا تھا۔ اس لیے جب لہو و لعب سے ہٹ کر تحصیل علم کی طرف راغب ہوئے تو بہت جلد فارغ التحصیل ہو گئے۔ یہ سخت موحد تھے اس وقت مسلمانوں میں جو شرک و بدعت کے رسوم پائے جاتے تھے ان کے

سخت مخالف تھے۔ اسی زمانہ میں وہ سید احمد شہیدؒ کے مرید ہو گئے اور ان کے ساتھ رہنے لگے۔ ۱۲۳۶ھ میں حج کر کے قسطنطنیہ چلے گئے۔ واپس آ کر مذہبی وعظ و تبلیغ شروع کیا۔ ان کی بڑھتی ہوئی کامیابی دیکھ کر کچھ علماء ان سے حسد کرنے لگے۔ یہ اپنے پیر و مرشد کے ساتھ پشاور چلے گئے اور سکھوں کے خلاف جہاد کی تحریک شروع کی بہت سے لوگ ان کے ساتھ ہوئے اور پشاور پر اپنا اقتدار قائم کر لیا۔ لیکن بعد کو جب افغانیوں کی بعض بدعتی رسوم کے خلاف احتجاج کیا تو پٹھان ان سے منحرف ہو گئے اور پشاور سے سندھ کی طرف روانہ ہوئے لیکن راستہ میں ایک سکھ فوجی دستہ سے مقابلہ ہوا اور یہ مع اپنے مرشد ۱۲۴۷ھ میں شہید ہو گئے۔ ان کی مشہور تصانیف یہ ہیں۔ رسالہ اصول الفقہ، منصب امامت، تقویت الایمان، صراط المستقیم۔

آزادی ہند کی تحریک میں علماء کی شمولیت اور ان کی قربانیوں کا سلسلہ آپ ہی کی تحریک اور جہاد فی سبیل اللہ سے شروع ہوتا ہے۔ بعد میں یہی تحریک دو حصوں میں بٹ کر ایک طرف دیوبند کے جامعہ اور ریشمی رومال کی تحریک اور دوسری طرف مولانا جعفر تھانیسری سے لیکر علماء دیگر تک پھیل گئی۔ جس میں سے اکثر کو پھانسی اور حبس دوام بعبور دریائے شور (کالے پانی کی سزا) ہوئی۔

عمر مختار

عمر مختار ۱۸۵۸ء میں مشرقی لیبیا کے شہر سائرنشیا (Cyrencia) میں ایک مذہبی گھرانے میں پیدا ہوئے۔ ابتدائی تعلیم کے بعد زنزور (Zanzur) اور جغبوب (Jaghbub) میں تعلیم کی تکمیل کی۔ اس کے بعد عمر مختار سنوسی تحریک سے وابستہ ہوئے۔ (اس تحریک کی بنیاد محمد علی سنوسی نے ڈالی تھی ۱۷۸۷ء۔ ۱۸۵۹ء) اور کچھ ہی دنوں کے بعد اس کے قائد بنا دیے گئے۔ اس تحریک کا مقصد لیبیا کو اطالوی

(Italian) تسلط سے آزاد کرانا تھا۔ اس وقت اٹلی کا سربراہ مسولینی تھا۔ یہ وہ دور تھا جب افریقہ کے مختلف ممالک میں بیرونی ممالک سے آزادی کی تحریک چل رہی تھی جیسے الجیریا میں امیر عبدالقادر، صومالیہ میں محمد ابن عبداللہ اور سوڈان میں مہدی۔ مہدی سوڈانی نے سوڈان پر Anglo-Egyptian Forces کے خلاف جہاد کی قیادت کی۔

عمر مختار کا دل اپنے ملک اور عوام کے لیے ہمیشہ بے چین رہتا تھا۔ وہ چاہتے تھے کہ کسی طرح ان کا ملک بیرونی تسلط سے آزاد ہو جائے اور لیبیا میں اسلامی حکومت قائم ہو جائے۔ اس کے لیے انھوں نے ہر طرح کی کوششیں کیں۔ (گفت و شنید، گوریلا جنگ، جہاد) مگر لیبیا ان کے ہاتھوں اطالوی تسلط سے آزاد نہ ہو سکا اور اطالوی حکومت نے انھیں گرفتار کر کے ۱۶ ستمبر ۱۹۳۱ء کو پھانسی دے دی۔

مولانا شوکت علی

مولانا محمد علی کے بڑے بھائی تھے۔ ان کی ولادت ۱۸۷۳ء میں ہوئی۔ تعلیم بریلی اور علی گڑھ کالج میں ہوئی۔ ۱۸۹۴ء میں بی اے کی سند لی۔ اس کے بعد محمد علی کے ساتھ (علی برادران) کانگریس اور خلافت تحریکوں کے روح رواں ثابت ہوئے۔ ۲۷ نومبر ۱۹۳۸ء کو انتقال ہوا۔ جامع مسجد دلی کے سامنے مزار سرمد کے قریب مدفون ہیں۔

مولانا محمد علی جوہر

مولانا محمد علی جوہر ۱۰ دسمبر ۱۸۷۸ء کو رامپور میں پیدا ہوئے۔ جہاں ان کے والد عبدالعلی خان دربار سے منسلک تھے۔ دو برس کے تھے جب والد کا انتقال ہو گیا۔ ان کی تعلیم والدہ کی نگرانی میں بریلی اور الہ آباد میں ہوئی اور اس کی تکمیل آکسفورڈ میں ہوئی۔ واپسی میں رامپور اور بڑودہ میں ملازم ہوئے۔ اس کے بعد کلکتہ جا کر ہفت روزہ "کامریڈ"

(انگریزی) اور اس کے ساتھ ہی اردو روزنامہ " ہمدرد" جاری کیا۔ ملک کی آزادی کی تحریک میں صف اول کے رہنماؤں میں ان کا شمار تھا۔ کئی بار قید ہوئے۔

مسلم لیگ، جامعہ ملیہ اسلامیہ، تحریک خلافت اور انڈین نیشنل کانگریس سب تحریکوں میں ہر جگہ پیش پیش رہے۔ دسمبر ۱۹۲۹ء میں تیسری گول میز کانفرنس میں شرکت کے لیے ولایت گئے۔ وہیں لندن میں ۴! جنوری ۱۹۳۰ء کو انتقال ہو گیا۔ لاش کو بیت المقدس لایا گیا اور مسجد عمر کی مغربی دیوار کے قریب تدفین کر دی گئی۔ آپ کی شان میں علامہ اقبال کا شعر ہے۔

خاک قدس اورابہ آغوش تمنادر گرفت

سوئے عقبیٰ رفت آں راہے کہ پیغمبر گذشت۔

مولانا حسرت موہانی

مولانا حسرت موہانی ایک عظیم مفکر، صحافی، شاعر، سیاست داں اور مجاہد آزادی تھے۔ حسرت موہانی اُردوئے معلّٰی کے مُدیر تھے۔ جدوجہد آزادی کے لیے انہیں بے حد تکلیفیں اُٹھائیں۔ یہاں تک کہ بیش بہا کتابیں نیلام کرنی پڑیں اور اُردوئے معلی کی اشاعت بھی بند کرنی پڑی۔

۱۹۲۱ء میں کانگریس اور مسلم لیگ کے اجلاس احمد آباد میں ان کا صدارتی خطبہ تاریخی حیثیت رکھتا ہے۔ جس کا لب لباب یہ تھا "کانگریس اور مسلم لیگ کے مقاصد اور نصب العین ایک ہی ہیں۔ پہلے آزادی حاصل کر لینی چاہیے بعد میں اقلیتوں کی حفاظت اور حقوق کی باتیں ہو سکتی ہیں۔ حقوق کی حفاظت اپنا گھریلو معاملہ ہے۔" خطبہ صدارت میں انہوں نے یونائیٹڈ اسٹیٹس آف انڈیا کے قیام کا اعلان کیا۔ حسرت موہانی اپنے وقت

سے بہت آگے تھے۔ ان کی فکری وسعت بہت بلند تھی۔ ان کا یہ خطبہ صدارت حکومت نے ضبط کر لیا اور ایک بار پھر جیل میں ڈال دیا گیا۔

حسرت موہانی ۱۹۵۴ء مسلم لیگ کے ٹکٹ پر اسمبلی رکن منتخب ہوئے یہ آزاد ہندوستان کی پہلی پارلیمینٹ کے رکن بھی چنے گئے تھے۔

۱۹۳۸ء میں ہندوستانی مسلمانوں کی طرف سے قاہرہ میں منعقد فلسطینی کانفرنس میں شرکت کی۔ اتنے سارے اعزازات کے باوجود بھی وہی قلندرانہ انداز، وہی فقیرانہ رنگ، وہی تھرڈ کلاس کا سفر، وہی پرانی چپّل، وہی گھڑی، قیام کبھی دفتر میں تو کبھی مسجد کے ہجرے میں، وہی فطرت شاہانہ اور وہی جرأت رندانہ۔ ان کا یہ شعر بہت مشہور ہے۔

ہے مشقِ سخن جاری، چکی کی مشقت بھی
کیا طرف تماشہ ہے حسرت کی طبیعت بھی

مولانا ابوالکلام آزادؔ

ابوالکلام آزاد ایک متبحر عالم، انشاپرداز، بلند پایہ خطیب اور سیاست داں تھے۔ ان کا نام احمد، ابوالکلام کنیت اور آزاد تخلص تھا۔ ان کے والد مولوی خیر الدین قادری نقشبندی مشہور صوفی بزرگ تھے اور پنجاب سے تعلق رکھتے تھے۔ اس خاندان کے بعض افراد دہلی منتقل ہو گئے تھے مگر آپ کے والد ۱۸۵۷ء کی تباہی کے بعد دل برداشتہ ہو کر مکہ چلے گئے۔ یہیں ۱۸۸۸ء میں مولانا ابوالکلام آزاد کی پیدائش ہوئی۔ آپ نے زیادہ تر تعلیم مصر و حجاز میں پائی۔ مولانا نے ہندوستان آنے کے بعد کلکتہ میں بودوباش اختیار کی۔ اور اپنا مشہور اخبار "الہلال" جاری کیا۔ جب حکومت نے اسے بند کر دیا تو آپ نے دوسرا اخبار "البلاغ" جاری کیا۔ ۱۹۱۹ء میں جب یورپ جنگ عظیم میں الجھا ہوا تھا تب تحریک آزادی سے منسلک ہونے کی بنا پر آپ رانچی جیل میں نظر بند کر دیئے گئے۔ جب ۱۹۲۰ء

میں رہا ہوئے تو باضابطہ کانگریس میں شامل ہو گئے۔ لیکن اس کے دوسرے ہی سال عدم تعاون کی تحریک کے سلسلے میں علی برادران کے ساتھ پھر قید کر دیے گئے۔ اس کے بعد بھی کئی بار جیل گئے۔ آپ نے کانگریس کی صدارت بھی کی اور گاندھی جی کے ساتھ مل کر تمام قومی کاموں میں حصہ بھی لیا۔

آزادی کے بعد آپ مرکزی حکومت میں وزیر تعلیم رہے۔ "ترجمان القرآن" آپ کی قرآن کی بہترین تفسیر (جو صرف ۱۴ پاروں پر مشتمل ہے) ہے۔ آپ کے خطوط کا مجموعہ "غبار خاطر" کے نام سے کتابی شکل میں موجود ہے۔ اس کے علاوہ خطباتِ آزاد، تذکرہ، پرانے چراغ آپ کی بہترین تصنیفات ہیں۔ آپ کی تحریرات زبردست علمی، عربی و فارسی اشعار سے پُر ہیں۔ آپ کے یہاں جوش خطابت اور بلا کی خود اعتمادی ہے۔ اس وجہ سے آپ کی تقریر و تحریر دونوں سیلِ رواں کا درجہ رکھتی ہیں۔ آپ کا انتقال ۱۹۵۸ء میں ہوا اور مدفن دہلی میں جامع مسجد شاہجہانی کے مشرق میں چند گز کے فاصلے پر ہے۔

ڈاکٹر ذاکر حسین

ڈاکٹر ذاکر حسین ایک عظیم دانشور اور شریف النفس انسان تھے۔ یہ آزاد ہندوستان کے پہلے مسلم صدر تھے۔ آزادی کی جدوجہد میں انہوں نے بڑھ چڑھ کر حصہ لیا۔

ڈاکٹر ذاکر حسین ۸ فروری ۱۸۹۷ء کو قائم گنج ضلع فرخ آباد (یوپی) میں پیدا ہوئے۔ ان کے والد کا نام فدا حسین اور والدہ کا نام شاہجہاں بیگم تھا۔ ابتدائی تعلیم گھر پر حاصل کرنے کے بعد اٹاوہ کے اسلامیہ ہائی اسکول میں داخل ہوئے۔ ۱۹۲۳ء میں برلن میں ایم اے کی ڈگری حاصل کی اور ۱۹۲۶ء میں ڈاکٹریٹ کی ڈگری حاصل کی۔ واپسی پر

وہ جامعہ ملیہ کے صدر منتخب ہوئے۔ ۱۹۴۸ء میں وہ علی گڑھ مسلم یونیورسٹی کے وائس چانسلر منتخب ہوئے۔ کچھ وقت تک راجیہ سبھا کے ممبر اور بہار کے گورنر بھی رہے۔ ۱۹۶۲ء میں ہندوستان کے نائب صدر اور ۱۹۶۷ء میں صدر بنائے گئے۔ ان کی قابلیت اور دیگر خدمات کے عوض میں انہیں حکومت کا سب سے بڑا ایوارڈ "بھارت رتن" دیا گیا۔

ڈاکٹر ذاکر حسین کی پوری زندگی تجربات سے پُر تھی۔ آپ عظیم ماہر تعلیم، صالح رہبر، اور محب وطن ہونے کے ساتھ ساتھ ایک دیندار مسلمان بھی تھے۔ اردو زبان و ادب سے آپ کو بڑا لگاؤ تھا۔ آپ نے انگریزی اور اردو میں کئی کتابیں لکھیں۔ آپ ہندوستانی ثقافت کا مجسمہ اور قومی اتحاد کی علامت تھے۔ جنگ آزادی کے اس مجاہد اور صداقت کے پیکر نے ۲۷ مئی ۱۹۶۸ء کو راشٹر پتی بھون میں آخری سانس لی۔

یاسر عرفات

یاسر عرفات ایک عظیم مجاہد اور تنظیم آزادی فلسطین کے سربراہ تھے۔ ان کی ولادت فلسطین میں ہوئی اور تعلیم مصر میں مکمل ہوئی۔ یاسر عرفات بنیادی طور پر انجینیر تھے مگر ان کا دل اپنے ہم وطنوں کے لیے ہمیشہ بے چین رہتا تھا۔ فلسطین کی آزادی کا خواب اپنی آنکھوں میں سجا کر انہوں نے اس پیشے کو تیاگ دیا۔ اور ایک آزاد فلسطین مملکت کے قیام کے لیے انہوں نے پوری زندگی وقف کر دی۔

یاسر عرفات کا سیاہ جالی دار رومال فلسطین کی بازیافت کی علامت بن گیا۔ دوران تعلیم انہوں نے اپنے ہم خیال طلباء کی ایک تنظیم بنائی جو آگے چل کر 'تنظیم آزادی فلسطین (پی۔ ایل۔ او)' میں تبدیل ہوگئی۔ یاسر عرفات نے وہ سب کچھ کیا اور سہا جو 'آزاد مملکت فلسطین' کے لیے کیا جانا چاہیے تھا مگر فلسطین ان کے ہاتھوں صہیونی شکنجہ سے آزاد نہ ہو سکا۔

۱۹۸۸ء میں جینوا میں اقوام متحدہ کے خصوصی اجلاس میں یاسر عرفات نے گوریلا جنگ کو بند کرنے کا اعلان کیا تا کہ فلسطین میں قیام امن ہو سکے۔ ۱۹۹۳ء میں وہائٹ ہاوس میں اس وقت کے اسرائیلی وزیر اعظم یہود بارک سے ہاتھ ملا کر بات چیت پر آمادگی ظاہر کی تا کہ آزاد مملکت فلسطین کے قیام کی راہیں ہموار ہو سکیں۔ اس کے بعد ان کی زندگی کا سب سے اہم کارنامہ 'اوسلو معاہدہ' تھا۔ لیکن اس معاہدہ نے اسرائیل کی آزادی اور تحریک آزادی فلسطین پر بہت سی پابندی عائد کر دی۔ بہر حال اتنی ساری قربانیاں دے کر اور آنکھوں میں آزاد فلسطین کا خواب سجائے یاسر عرفات فرانس کے ایک فوجی ہسپتال میں انتقال کر گئے۔ قیاس کیا جاتا ہے کہ امریکہ اور اسرائیل کی سازش کے تحت انہیں زہر دے کر ہلاک کیا گیا۔

※ ※ ※